سلسلة "الثقافة الجنسية"

تأليف وإشراف: ممدوح الشيخ

العدد الأول

مختارات

1

سلسلة "الثقافة الجنسية"

تأليف وإشراف: ممدوح الشيخ

العدد الأول: مختارات 1

هذه السلسلة

هذه السلسلة مشروع طموح آمل أن تضم عدداً من الإصدارت التي تقتصر على مختارات متنوعة من مصادر ذات مصداقية حول مختلف القضايا المتصلة بالثقافة الجنسية، تليها عدة دراسات أعمل على إنجازها منذ سنوات.

والمكتبة العربية — في الحقيقة تعاني نقصاً في هذا اللون من الكتابة التي تقدم ثقافة جنسية، سنحرص بإذن الله على علميتها وتوازنها وشمولها وبساطة لغتها وتنوع القضايا التي تغطيها.

ونجاحها في أداء ما هو مستهدف من صدورها يتحقق –
ضمن عوامل أخرى – بتفاعل القراء معها نقداً وتعليقاً، فضلاً عن
أن ما يشغل بال الكاتب لا يتطابق بالضرورة مع ما يشغل بال
القاريء، وهو – أي القاريء – صاحب الحق الأول في أن يكون
المحتوى الذي نقدمه متسقاً مع اهتماماته.

وعليه .... أمل أن يصلنا "صدى" الصوت بما ترونه من
ملاحظات وتساؤلات واقتراحات. فالكتاب – أي كتاب – لا
حياة له إلا بين يدي قاريء.

ممدوح الشيخ

mmshikh@gmail.com
almahfaltv@gmail.com
mmshikh@hotmail.com

20 فائدة صحية لممارسة الجنس(¹)

إن الجنس أكثر من مجرد إفراز هرمونات أو قضاء فترة قصيرة من المتعة، فقد أثبت العلماء أن الجنس مفيد لصحة الإنسان، وكلما قلت المعاشرة الجنسية كلما أثر ذلك سلباً على الصحة، وتبين أيضاً أن الاستمناء ليس بالحل المناسب: إذ أن مستوى البرولاكتين بالنسبة إلى الذكور والإناث بعد هزة الجماع هو أعلى 4 مرات بالمقارنة مع مستوياته بعد الاستمناء.

إليكم 20 سبباً صحياً لممارسة الجنس، مع الإشارة إلى أن المبالغة في ممارسته قد تضعف جهاز المناعة.

---

[1] موقع ليبانون فايلز – الخميس 20 يونيو 2013 – الرابط:

http://www.lebanonfiles.com/news/561790

الجنس مفيد للقلب والدورة الدموية، خاصة لناحية ندفق الدم في الدماغ، فأثناء ممارسة الجنس يزيد معدل ضربات القلب من 70 في الدقيقة إلى 150، مما يعني أن الجنس هو تمرين مفيد للقلب، كما أن ممارسة الجنس بمعدل 3 مرات في الأسبوع تقلل خطر الإصابة بالنوبات القلبية بنسبة 50 %.

الجنس يحسن ضبط توازن الصحة العقلية والنفسية، فقد تبين أن الأشخاص الذين يعانون من الاكتئاب والاحباط وجنون العظمة يفتقدون إلى الحياة الجنسية.

الجنس يقلل الاجهاد: بعد الجنس يشعر المرء بالراحة والهدوء،

نظراً لكون الدماغ يفرز

الأندورفين، الذي يقلل من الاجهاد.

الجنس يرطب البشرة ويلينها: اثناء المعاشرة الجنسية يقوم جسم المرأة بمضاعفة مستوى الاستروجين، الذي يجعل الشعر أكثر لمعاناً والبشرة أكثر ليونة.

الجنس يطيل عمر الإنسان.

التعرق أثناء المعاشرة الجنسية يطهر مسام الجلد ويجعل البشرة أكثر إشراقاً ويخفض خطر الاصابة بالتهاب الجلد.

الجنس يساعد المرء على التخلص من السعرات الحرارية وخسارة الوزن.

الجنس يقوي العضلات.

كلما كانت حياتك الجنسية أكثر نشاطاً كلما استطعت أن تجذب الجنس الآخر. النشاط الجنسي يجعل الجسم يطلق الفيرومونات، التي تجذب الجنس الآخر.

الجنس يحسن الحواس وبشكل خاص حاسة الشم.

الجنس مسكن للآلام: مباشرة قبل النشوة، يرتفع مستوى هرمون الاوكسيتوسين بمعدل 5 مرات، مما يخفف من الالام ومن الصداع النصفي والتهاب المفاصل.

التقبيل يحفز إفراز اللعاب الذي ينظف الاسنان ويقلل من الحموضة في الفم، السبب الرئيس لتسوس الاسنان ورائحة الفم الكريهة.

الجنس يحارب الحساسية: الجنس هستامين طبيعي يكافح الربو والحرارة.

الجنس يوازن بين الكوليسترول الجيد والكوليسترول السيء.

الجنس يوازن بين الهرمونات.

الجنس يقلل من نزلات البرد والانفلونزا والالتهابات.

الجنس يحسن السيطرة على المثانة.

الجنس يحسن نوعية النوم، فبعد هزة الجماع يشعر المرء بالنعاس إذ أن الجسم يكون قد ارتاح وبالتالي يغط المرء في نوم عميق.

الجنس يساعد المرأة الحامل: اتضح أن المعاشرة الجنسية تقلل تقلصات الرحم.

الجنس يحارب السرطان: أظهرت الأبحاث المختلفة أن القذف والنشاط الجنسي يرتبطان بخفض مخاطر الإصابة بسرطان البروستاتا، فقد وجدت دراسة أن الرجال الذين يمارسون الجنس بمعدل 13 إلى 20 مرة في الشهر لديهم خطر أقل بـ 14 % من الأصابة بسرطان البروستاتا من الرجال الذين يمارسون الجنس بمعدل 4 إلى 7 مرات في الشهر، وبالنسبة إلى النساء أظهرت الأبحاث أن الجنس يقلل من خطر الإصابة بسرطان الثدي.

2/ 3 من المراهقين يلجئون الى بدائل الجنس[2]

3/2 من المراهقين يلجئون الى الجنس الفموي كبديل عن الجنس المهبلي، هذا ما صرحت به ادارة مراكز السيطرة والوقاية من

---

[2] موقع البوابة الإخباري – 18 أكتوبر 2012 – الرابط:

https://www.albawaba.com/ar/%D8%B5%D8%AD%D8%
AA%D9%83%D9%90-
%D9%88%D8%AC%D9%85%D8%A7%D9%84%D9%83%D
9%90/23-%D9%85%D9%86-
%D8%A7%D9%84%D9%85%D8%B1%D8%A7%D9%87%D
9%82%D9%8A%D9%86-
%D9%8A%D9%84%D8%AC%D8%A6%D9%88%D9%86-
%D8%A7%D9%84%D9%89-
%D8%A8%D8%AF%D8%A7%D8%A6%D9%84-
%D8%A7%D9%84%D8%AC%D9%86%D8%B3-447070

الأمراض الأمريكية. ويقول التقرير الذي غطى الفترة ما بين 2007 - 2010 بأن 66 بالمائة من النساء و65 بالمائة من الرجال ما بين 15 – 24 عاماً، قالوا بأنهم لجئوا إلى الجنس الفموي مع شريكهم كبديل عن الجنس المهبلي.

وقالت نسبة مماثلة منهم بأنهم جربوا الجنس المهبلي، مع 67 بالمائة من الفتيات بأنهن جربوا الجنس المهبلي و63 بالمائة من الشباب الذكور. ويقول التقرير الجديد، وهو الاول من نوعه، والذي يقوم بجمع معلومات عن الحياة الجنسية عند المراهقين والمراهقات وتفضيلاتهم الجنسية، بأن بعض المراهقين من الجنسين، يلجئون الى الجنس الفموي لتأخير النشاط الجنسي المهبلي وتجنب الحمل عن طريق الخطأ، بالإضافة إلى أن الجنس الفموي أسرع من الجنس المهبلي.

ووجد التقرير بأن 26 بالمائة من الفتيات والمراهقات اللاتي جربن الجنس الفموي قمن

بذلك قبل الجنس المهبلي، بينما 27 بالمائة منهن قمن بتجربة الجنس المهبلي قبل الجنس الفموي. وقالت 7.4 بالمائة منهن بأنهن جربن الجنس الفموي والمهبلي مع نفس الشخص لأول مرة، وبأن 5.1 بالمائة يقمن بالجنس الفموي و لم يجربن الجنس المهبلي بعد.

11

وتطابقت نفس الأرقام تقريباً عند الشباب الذكور: 24 بالمائة منهم قالوا بأنهم جربوا

الجنس الفموي قبل الجماع، و24 بالمائة جربوا الجماع قبل الجنس الفموي. بينما 21 بالمائة جربوا الجماع والجنس الفموي معاً في نفس الوقت، و6.5 بالمائة جربوا الجنس الفموي قبل الجماع.

وقال الباحثون بأن المراهقين يعتقدون بأن الجنس الفموي أقل خطورة من الجنس المهبلي. ولكن بالرغم من أن الجنس الفموي لن يسبب الحمل، ويقلل من انتقال الأمراض المنقولة جنسياً، إلا أن الدراسات الحديثة أثبتت بأن الجنس الفموي لا يحمي من الإصابة من الأمراض الجنسية الخطيرة مثل الكلاميديا، الهربس، الغنوريا، والسفلس.

ووفقا للتقرير، فإن الأشخاص الذين يميلون إلى تجربة الجنس الفموي أكثرهم من فئة

المراهقين، في سن 14 بالتحديد، ويعيشون في بيوت مثالية، وأمهاتهم متعلمات أو موظفات، ولا يعانون من المشاكل مقارنة مع الأشخاص الذي يميلون إلى الجنس المهبلي.

وفي نفس السياق، ذكرت دراسة جديدة بأن العلماء يشعرون بالقلق من ارتفاع نسبة السرطان إلى 64 بالمائة بسبب فيروس البابيلوما البشري، الذي ينتشر بشكل مباشر عن طريق الجنس الفموي. فكلما زادت ممارسة الجنس الفموي كلما زادت مخاطر الإصابة بهذا الفيروس وبالتالي الإصابة بالسرطان.

بحث: التعلق بأفلام الجنس يدمر الحب الحقيقي([3])

الدماغ قد يقع في خطأ تقدير مصدر اللذة

نيويورك، الولايات المتحدة الأمريكية (CNN)

قالت دراسة أمريكية إن هوس بعض الرجال المتزايد بمتابعة مقاطع الجنس والصور الإباحية عبر الانترنت بدأ يؤثر بشكل سلبي عليهم، إذ يفقد عدد كبير من المدمنين على الانترنت شهوتهم لممارسة الجنس مع شريكاتهم ويتولد لديهم شعور خاطئ بأن النساء الحقيقيات "لا يمكن لهن إشباع رغباتهم".

---

[3] الطبعة العربية CNNArabic.com – الخميس، 10 فبراير 2011.

وكتب الصحفي ديفي روثربت في مجلة "نيويورك" واصفاً تجربته الشخصية في هذا المجال، فقال إن كثرة مشاهدته لأفلام الجنس وتخيله لوصوله إلى ذروة النشوة مع نساء في عالم الخيال جعل من الصعب عليه الشعور بمتعة العلاقات الحقيقية.

ولفت روثربت إلى واقع أن الذكور الذين يكبرون في هذا الجو من الجنس الخيالي تنشأ لديهم مشاكل على المستوى العصبي والعقلي تجعلهم ينفصلون بشكل كامل عن شريكاتهم الحقيقيات.

من جانبها، شرحت أخصائية العلاج السلوكي، أندريا كوزاوسكي، أسباب هذه الظاهرة بالقول: "**بعد ممارسة الجنس، يفرز الدماغ مركب دوبامين أوكسيتوسين المسؤول عن الشعور بالسرور والحب، ولذلك تزداد متانة علاقتنا مع شركائنا بعد ممارسة الجنس ونتطلع إلى تكرار التجربة مجدداً معهم**".

وتابعت: "**ولكن عندما يشاهد الذكر أفلام البورنو بكثرة، فإن دماغه يعتاد على إفراز المادة دون وجود شريك حقيقي، وبالتالي تنحرف نقطة التوجيه في الدماغ من الشريك الحقيقي إلى الوهمي، ويبدأ التعود على اللذة المتأتية من هذه الأفلام،**" وفقاً لما نقلته مجلة "تايم" الشقيقة لـ CNN.

15

ولكن المقال لاحظ أن نتائج مسح آراء عدد من مدمني أفلام الجنس أظهر أنهم في الواقع لا يبحثون عن المتعة المتخيلة فحسب، بل عن الخيارات المختلفة للشركاء الذين يظهرون في تلك الأفلام، إذ أن لدى الكثير من الرجال رغبات دفينة في التعرف على عدد كبير من النساء.

وخلص المقال إلى القول بأن هذا الواقع يبرر ميل المدمنين على هذه الأفلام إلى محاولة تصفح أكبر عدد منها، متوقعاً ألا تنحسر هذه الظاهرة خلال الفترة المنظورة بسبب تزايد ضغوطات الحياة والمصاعب التي تواجهها العلاقات الأسرية بشكل دائم.

اكتئاب النساء:

عاطفة حساسة وهورمون تناسلي وسن يأس[4]

عندما يغوص الإنسان في جو من الحزن ويعيش في بحر من الأحاسيس المزعجة التي تعكر صفو حياته بحيث تؤثر سلباً في مختلف نشاطاته اليومية، عندها يقال إنه يعاني من الاكتئاب.

وإذا أخذنا بنتائج الاستطلاعات التي قام بها باحثون من **جامعة مينيسوتا** الأميركية وطاولت أكثر من 43 ألف شخص، فإن النساء أكثر عرضة للاكتئاب بمعدل الضعف خلال حياتهن مقارنة بالرجال. وقد فسر القائمون على الدراسة هذه النتيجة بأن السبب يعود إلى أن

---

[4] جريدة الحياة اللندنية ــ الخميس ١١ أبريل ٢٠١٣ ــ حبيب حداد.

الجنس اللطيف يميل أكثر إلى كبت مشاعره، في حين أن الجنس الخشن يسعى إلى إظهارها.

لكن البعض لا يتردد في القول إن النتائج المذكورة ربما تكون خادعة كون المرأة أكثر تعبيراً عن حالتها الوجدانية من الرجل وأكثر قبولاً للمساعدة الطبية النفسية، لذلك يظهر اكتئابها، في حين لا يظهر هذا الاكتئاب بسهولة لدى الرجل.

في كل الأحوال، وبغض النظر عن هذا التفسير أو ذاك، هناك زيادة فعلية في عدد حالات الاكتئاب لدى الإناث أسوة بالذكور.

والسؤال المطروح هو: لماذا؟

إن الأسباب الآتية قد تكون هي المسؤولة:

- العوامل البيولوجية، إن جسم المرأة يشهد تقلبات هورمونية نتيجة الدورات الشهرية المتعاقبة خلال سن النشاط التناسلي، وأثناء فترة الحمل، وبعد سن اليأس... فهذه التقلبات تترك آثارها السلبية على كيمياء المخ والجسم، خصوصاً على عواطفها ومزاجها.
- التكوين العاطفي، فالمرأة لا تختلف عن الرجل في التكوين الجيني فحسب بل في طريقة الشعور والتفكير وتحليل الأمور والمواقف. من هنا تكون ردود فعل الرجال والنساء مختلفة. إن طبيعة المرأة

تجعلها تفكر أكثر من الرجل وهذا ما يجعلها تتوغل أكثر في الأفكار السلبية ما يزيد من فرص تعرضها للاكتئاب.

- العمل المتواصل، فالمرأة تعمل بلا كلل ولا ملل للقيام بمهماتها تجاه الزوج والأولاد والأحفاد، حتى في أيام العطل.
- الضغوط العصبية، إن ردود فعل المرأة تجاه هذه الضغوط تختلف في شكل كبير عن تلك التي تصدر عن الرجل بسبب تأثير بعض الهورمونات التي تعوق عودتها إلى الحالة الطبيعية بسهولة.
- تناول بعض الأدوية.

تعاني غالبية السيدات من الاكتئاب بدرجات متفاوتة بدءاً من العصبية البسيطة، وصولاً إلى الاكتئاب الحاد، وانتهاء بالاكتئاب المزمن.

وبغض النظر عن الأسباب التي تقف خلف الاكتئاب، فإن الأخير يؤثر في الجسم والعقل وفي المزاج والسلوك، والنساء اللاتي يعانين منه يشكون من تشكيلة واسعة من العوارض:

- تقلبات في المزاج معظم الوقت.
- فقدان الاهتمام بكل شيء، وغياب المتعة في ممارسة الأنشطة المختلفة.

- انخفاض أو زيادة في الوزن.

- اضطرابات في النوم، كالأرق وفرط النوم.

- الهياج الحركي أو الخمول الحركي مع الإحساس بعدم الاستقرار.

- التعب وانخفاض الطاقة.

- الإحساس بعدم القيمة ولوم النفس والإحساس بالذنب.

- ضعف القدرة على التفكير والتركيز.

- التردد وعدم القدرة على اتخاذ القرارات.

- التفكير الدائم بالموت، أو الانتحار، أو التخطيط لهما.

كيف يشخص اكتئاب المرأة؟

إن رصد الاكتئاب مهم جداً من أجل علاجه. وطبقاً لدليل التشخيص الأميركي المتعلق بالاكتئاب، فإن وجود خمسة عوارض أو أكثر من العوارض المشار إليها أعلاه يدل إلى وجود الاكتئاب. ومن باب العلم فإن كثيراً من حالات اكتئاب المرأة لا تشخص لأسباب تعود إلى الطبيب أو إلى المريضة نفسها. ولا بد هنا من التفريق بين الاكتئاب كمرض والحزن كعارض، فنحن معشر البشر يمكن أن نتأثر وجدانياً، ونحزن، ونفقد الحماسة والاهتمام لبرهة من الزمن، لكن

الأمر لا يصل إلى درجة المرض الذي يحتاج إلى العلاج الطبي. صحيح أن الحزن والاكتئاب يتشابهان ظاهرياً، لكن الحزن يعتبر استجابة لحال طارئة، وهو سرعان ما يرحل لتعود المريضة إلى حالتها الطبيعية وكأن شيئاً لم يحدث، إلا أن الاكتئاب يكون أعنف، وأطول مدة، ويؤثر عادة في مختلف مناحي الحياة، خصوصاً العلاقات الاجتماعية والعائلية.

وهناك بعض أنواع الاكتئاب الخاصة، ومنها:

- الاكتئاب الشتوي، وهو أحد أنواع الاكتئاب المرتبط بتغير الفصول بسبب تغير أحوال الطقس وقصر طول النهار. ويمكن أن يصيب هذا النوع أي شخص لكنه يشاهد أكثر لدى النساء، ويعتقد العلماء بأن سبب الإصابة يرجع إلى قلة التعرض لنور الشمس الذي بدوره قد يؤثر في الساعة البيولوجية.

- اكتئاب ما قبل الدورة الشهرية، وهو نوع مشهور جداً، سببه غير معروف بدقة حتى الآن، غير أن هناك عوامل تساهم في اندلاعه، بيولوجية وهورمونية ووراثية ونفسية واجتماعية.

- اكتئاب ما بعد الولادة، وهو يظهر في الأشهر الثلاثة الأولى التي تلي الوضع، وينتج من أسباب عدة، منها رفض الأمومة، وعدم القدرة على تحمل المصاعب، والتغيرات الجمالية والشكلية التي تطرأ على الجسم. وفي شكل عام يرتبط ظهور عوارض الاكتئاب

بحدوث انخفاض ملحوظ في مستوى الهورمونات. ومن الشائع جداً عودة الاكتئاب في الحمول التالية.

والاكتئاب قد ينتهي ببعض المضاعفات مثل انخفاض الوزن، أو السمنة، أو سوء التغذية، وعصاب القلق، والأمراض القلبية، وصعوبات على صعيد العلاقات العائلية والاجتماعية والمهنية، والإدمان على بعض المواد والانتحار.

كيف يتم تدبير الاكتئاب؟

إن بعض حالات الاكتئاب الخفيفة والمتوسطة الشدة قد يمكن السيطرة عليها بجلسات من العلاج النفسي، لكن الدراسات السريرية كشفت أن استخدام الدواء مع العلاج النفسي يعطي نتائج أفضل.

في المقابل، فإن حالات الاكتئاب الشديدة تحتاج إلى التدبير في المستشفى بإشراف طبي. وتلعب المريضة دوراً فعالاً في علاج الاكتئاب، لأن تعاونها مع الطبيب المعالج يسمح في تحديد درجة الاكتئاب، وبالتالي اختيار الطريقة الأكثر ملاءمة لحالتها.

ومع ذلك هناك حالات يكون فيها الاكتئاب شديداً للغاية إلى درجة يتحتم فيها على الطبيب الاستعانة بشخص قريب او غيره من أجل المضي في العلاج ومراقبته عن كثب حتى تسترد المريضة عافيتها.

وعلى جميع النساء المصابات أو المعرضات للإصابة بمرض الاكتئاب أن يتبعن النصائح الأربع الآتية:

○ ممارسة النشاط البدني.

○ التعرض للشمس.

○ تغيير نمط الحياة.

○ **التواصل مع الأقارب والأصدقاء للحصول على الدعم النفسي الذي يساعد في الوصول إلى شاطئ الأمان.**

وعلى صعيد النشاط البدني شددت دراسة قام بها باحثون من **جامعة بازل** السويسرية على أهمية هذا النشاط في طرد فلول الاكتئاب في مراحله الأولى.

وذكرت الدراسة أن النشاط البدني، حتى ولو كان خفيفاً، يساهم في القضاء على القلق والتوترات التي تشعر بها المرأة في المراحل الأولى التي تفضي إلى الإصابة بالاكتئاب.

ومن المهم جداً التفكير في علاج الاكتئاب على المدى البعيد، وخير ما يمكن عمله في هذا المجال هو أن تبقى المصابة على تواصل مع الأصدقاء، فإحدى الدراسات بينت أن 65 في المئة من المصابات بالاكتئاب اللاتي كن يتقابلن لمدة ساعة في الأسبوع مع متطوعين، على أساس أنهم أصدقاء، تراجعت حدة الاكتئاب عندهم مقارنة مع أخريات لم يقابلن أصدقاء لهم ... وبهذا يصدق المثل القائل: "الصديق لوقت الضيق".

مؤشرات الانتحار

التفكير في الانتحار قد يكون أحد الخيارات الواردة لدى المصابات بالاكتئاب، وهذا الخيار شائع عند المريضات دون سن الثلاثين.

لا توجد طريقة علمية يمكن الاعتماد عليها لتوقع أن المريضة ستقدم على الانتحار، لكن هناك بعض العوامل الخطرة التي قد تشير إلى أن المصابة لديها نية مبيتة حول هذا الأمر، ومن بين هذه العوامل:

○ إطلاق إشارات مباشرة أو خفية، أو القيام بتصرفات تشير إلى الرغبة في الانتحار.

25

- التهديد بفقدان العلاقات الحميمية.
- الطلاق.
- وجود أمراض جسدية أو نفسية أخرى ملازمة للاكتئاب.
- ظهور اضطرابات في الشخصية.
- الحياة الإنعزالية.
- الضغوط النفسية والإجتماعية والمهنية.
- الشعور بالإحباط.
- وجود قصة محاولات سابقة للانتحار.

أخطرها الرقص والتدليك

10 وظائف تقود إلى هدم عش الزوجية([5])

الرقص من أخطر الوظائف التي تقود إلى الطلاق، حسب الدراسة قام باحثان أمريكيان بدراسة نسب الطلاق بين أصحاب الوظائف المختلفة في الولايات المتحدة. ووفق هذه الدراسة فإن وظيفة الراقصين وساقي البار والمدلك الأكثر خطورة، فيما تعد وظيفة عاملة النظافة الأفضل لاستمرار السعادة الزوجية.

أجرى باحثان أمريكيان من جامعة رادفورد، وهما ميشيل آموت وشوان ماك كوي، دراسة حول تأثير بعض الوظائف على

---

[5] موقع دويتشه فيلله Deutsche Welle – 18 أكتوبر 2010 – مراجعة: عبده جميل المخلافي.

الحياة الزوجية وقاما بترتيب أكثر الوظائف خطورة على الحياة المشتركة بين الزوجين وذلك من خلال دراسة إحصاءات نسب الطلاق بين أصحاب الوظائف المختلفة في المجتمع الأمريكي.

ووفق هذه الدراسة الأمريكية الحديثة فإن أكثر الوظائف خطراً على الحياة الزوجية هي وظيفة الراقصين ومدرسي حركات البدن، حيث وصلت نسبة الطلاق بين أصحاب هذه الوظائف إلى 43 بالمائة. وجاءت وظيفة ساقي البار بنسبة 38,43 بالمائة في المرتبة الثانية.

أما مهنة التدليك فقد احتلت المركز الثالث، حيث أثبتت الدراسة أن الذي يريح الآخرين بتدليكهم بيديه يلقى جزاء ذلك في البيت توتراً زوجياً على درجة عالية، وقد بلغت نسبة المطلقين من بين ممارسي هذه الوظيفة 38.22 بالمائة بين المتزوجين من أبنائها. وجاء في المركز الرابع موظفو نادي القمار، حيث تقدر نسبة الطلاق بين المتزوجين من أبناء هذه المهنة بـ 37.66 بالمائة.

مهنة عاملة النظافة وفق الدراسة الأمريكية الأكثر رفقاً بالحياة الزوجية، أما المركز الخامس فاحتله العاملون على ماكينات الإنتاج، وربما كانت نسبة الطلاق بين العاملين في هذا المجال لا تستلفت

الانتباه، لأن الناس لا يعتقدون أنها مرتفعة، إلا أن الدراسة أثبتت أنها كذلك، حيث تصل نسبة المطلقين هنا إلى 32.74 بالمهنة. واحتل المركز السادس بحسب الدراسة العاملون في الكازينوهات الليلية، وهم المغامرون الذين يدفعون بدورهم الآخرين إلى المغامرة، إلا أنه يبدو أنهم يغامرون أيضا بعلاقاتهم الزوجية، حيث تصل نسبة الطلاق بينهم إلى 31.35 بحسب الدراسة.

وحل في المركز السابع عمال المصانع، بحيث تصل نسبة الطلاق بينهم إلى 29.78 بالمائة، يتمثل القسط الأكبر منها في شركات التغذية والتبغ. وجاء في المركز الثامن موظفو مراكز الاتصالات، وتقدم الدراسة نصيحة للعاملين في هذه المهنة تقول: عندما يتصل رفيق الحياة بك فتحول فوراً من حالة الإجابات المسجلة على ماكينة الرد، إلى الحوار الطبيعي مع الطرف الآخر، فربما يساهم ذلك في إضفاء السعادة على الحياة الزوجية، وتبلغ نسبة الطلاق بين العاملين في هذا المجال إلى 29.30 بالمائة.

أما المركز التاسع فاحتلته وظيفة الممرضة، حيث تصل نسبة الطلاق بين الممرضات إلى 28.95 بالمائة. وتبوأ المركز العاشر العاملون في مهنة المحمس الجماهيري الذي يقوم بتحميس المشجعين ويقودهم لتحفيز فريقهم للنصر، حيث وصلت نسبة الطلاق بين هؤلاء

إلى 28.49 بالمائة. وذكرت الدراسة بعد ذلك بالترتيب عدة وظائف منها البواب وبائع الهواتف، والنادل في المطاعم وغيرها، وبناء الأسقف، وفي المركز الأخير عاملة النظافة.

افتتاح مستشفى بلجيكي متخصص في تأهيل النساء المختونات لتحسين الحياة الجنسية والانجاب[6]

بروكسل:

يسعى قسم خاص في مستشفى القديس بطرس الجامعي في بروكسل إلى مساعدة أكبر عدد ممكن من النساء اللواتي خضعن لعمليات لختان وبات يستقبل أسبوعياً عدداً من النساء يوازي العدد الذي كان يزور المستشفى سنوياً لهذه الغاية.

---

[6] مجلة الهدهد الإلكترونية https://www.hdhod.com/ – الخميس 24 سبتمبر 2009.

وافتتح القسم الجديد في المستشفى الحكومي العام الواقع وسط بروكسل في أيار/مايو الماضي نتيجة لجهود فريق طبي جمعه الطبيب النسائي ميشيل دوخيلدرو الاخصائي بمشاكل الختان.

ومن موقعه رئيساً للقسم الجديد يقول دوخيلدرو إن كون المشفى جامعياً وعاماً، جعل الحالات التي تعاني من تشويه الأعضاء التناسلية تجتمع فيه، ما أفرز ضرورة لوجود طبيب مختص بمعالجة هذه الحالات، الامر الذي اندفع له طبيب النساء هذا منذ ما يزيد عن 15 سنة.

يرفض الطبيب الذي يجمع اختصاصه بين الخبرة الجراحية والطب النسائي اعتبار تشويه الأعضاء التناسلية للمرأة مشكلة **"مهاجرين"**، كونها تخص عائلات إفريقية مهاجرة إلى بلجيكا. ويقول مصوباً إنها **"مشكلة أقلية تعيش في بلدنا، لكنها مشكلة كبرى لها"**، من دون أن يعفي بلده من مسؤولية معالجتها.

وإلى عمليات جراحية تعيد تأهيل النساء **"المختونات"** لممارسة حياة جنسية والإنجاب، يجري القسم الجديد عمليات لعلاج مضاعفات **"أكثر خطورة"**، يسببها نوع الختان الذي يجمع بين بتر الأعضاء الخارجية للعضو التناسلي الأنثوي وتخييطه.

33

ويشرح الطبيب مارتان كاييه، الذي يعمل في القسم الجديد، أنهم يجرون جراحات لعلاج حالات مختلفة، منها احتباس البول و"العجن" (اتصال غير طبيعي بين عضوين داخليين) الذي يحدث لدى بعض النساء "المختونات" اتصالاً بين المهبل وقناة البول او الشرج. ويعطي الطبيب مثالاً عن امرأة عالجها أخيراً وكانت تعاني من تسرب البول المستمر منها.

مشكلة "العجن" بحسب كاييه "مأساوية" تجعل معاناة المرأة مضاعفة. فهي إضافة إلى معاناتها، الصحية "**تصير معزولة اجتماعياً من قبل زوجها والوسط المحيط بها**"، على حد تعبيره.

ولا يكتفي القسم الجديد بعلاج النساء، بل يستقبلهن للاجابة على كل تساؤلاتهن، وتقديم النصح والدعم النفسي والمعنوي. ويوفر هذه العناية المتعددة المستويات فريق طبي متنوع، يتألف من أطباء نساء وإخصائيين في الجراحة الداخلية وأطباء علم الجنس وأطباء نفسيين إضافة إلى طاقم الممرضين.

وفي دليل على نجاح فكرة العناية المتعددة، يؤكد أخصائيو القسم أنه صار يستقبل أسبوعياً، بعد أشهر قليلة من افتتاحه، أربع

حالات وسطياً، بعدما كان هذا العدد يزور قسم طب النساء في المشفى خلال العام بكامله.

ويحظر القانون الدولي الختان باعتباره "**جريمة**" لما فيه من "**تسبب بالأذى الجسدي للمرأة، وانتهاك لكرامتها**"، ويعده "**ممارسة طبية غير مرخصة**". ويستعد أطباء القسم للقيام بعمليات "**ترميم البظر**" للنساء اللواتي تم بتره منهن عند الختان، ويعتبرونها "**نافذة أمل**" لهن.

مبتكر هذه الجراحة "**الرائدة**" كما يشرح كاييه، طبيب المسالك البولية الفرنسي بيير فولدس، وقد أجراها على ثلاثة الاف امرأة "**مختونة**". وبحسب الشهادات التي حصلوا عليها من نساء أجروا العملية في فرنسا، يوضح كاييه أن "**هناك نساء قلن إنهن لم يحسسن بتغيير، وأخريات أكدن أن حياتهن تغيرت بشكل كامل وبدأن يشعرن بالمتعة من جديد**".

ويلفت الطبيب دوخيلدرو إلى أن "**معظم النساء اللواتي يطلبن ترميم البظر لا يفعلن ذلك لأنهن يردن الاحساس بالمتعة، بل لأنهن مجروحات ويردن أن تكون أجسادهن طبيعية مثل النساء الأخريات**".

وبلهجة حماسية ومتفائلة يقول رئيس القسم، الذي يرأس أيضاً فرع **منظمة أطباء العالم** في بلجيكا، إنهم يضغطون لجعل هذه العملية مدفوعة من الضمان الصحي الذي يشترط لذلك إثبات فائدتها العلمية.

ويؤكد أن "**التحسن النفسي أهم شيء**" وإحساس النساء به هو "**نجاح**" للعملية، معتبراً مساعيهم استمراراً "**لمعارك**" سابقة خاضوها كالتي "**أثمرت**" تشريع عمليات الإجهاض والموت الرحيم.

وكان تقرير **الأمم المتحدة للتنمية الإنسانية العربية 2009** نقل عن دراسة لـ **منظمة الصحة العالمية**، صدرت العام الماضي، أن نسبة "**ضحايا**" الختان من الفئة العمرية 15 – 35 سنة بلغت في 2005 في مصر 95,8 % وفي الصومال 97,9 % وفي شمال السودان 90 % العام 2000، وفي موريتانيا 71,3 % سنة 2001، وفي اليمن 22,6 % عام 1997.

ويشير أطباء قسم مشاكل الختان إلى أن مريضاته ينتمين إلى عائلات مهاجرة من بلدان افريقية عدة منها مصر والسودان والسنغال وغينيا وجيبوتي. ويبدي الأطباء مخاوفهم من أن هذه العمليات تجري لإناث ولدن في بلجيكا، مؤكدين أن هناك عائلات مهاجرة طلبت من ممرضين وأطباء بلجيكيين "**ختان**" بناتهم.

هرمون الحب يبعد الرجال عن الخيانة(7)

وجدت دراسة جديدة أن هرمون "أوكسيتوسين" المعروف بــ "هرمون الحب" قد يساعد الرجال على الحفاظ على علاقاتهم العاطفية، عبر إبعادهم عن الأخريات الجذّابات. وذكر موقع "لايف ساينس" الأميركي، أن الباحثين في **جامعة بون** وجدوا أن الرجال المخلصين لعلاقة واحدة، والذين استخدموا الـ "أوكسيتوسين" عن طريق الأنف، ظلوا بعيدين بين 10 إلى 16 سنتيمتراً عن نساء جذّابات لا يعرفوهن.

---

[7] موقع صوت روسيا – 22 نوفمبر 2012.

ولم يكن لرذاذ الهرمون المذكور أي تأثير في المسافة التي اختارها الرجال العزّاب بينهم وبين النساء الجذّابات.

وقال الباحث المسؤول عن الدراسة، ريني هيورلمان، إن النتائج أظهرت أن "**هرمون الحب**" يعزّز الإخلاص عند البشر. ويعرف بأن هرمون "**أوكسيتوسين**" يعزّز الرابط بين الأهل والأطفال، ويزيد الثقة ويخفّف النزاع بين الأزواج.

شملت الدراسة 57 ذكراً، قرابة نصفهم كان في علاقة عاطفية واحدة، وبعد تلقي جرعة من هرمون الحب أو دواء وهمياً، تم تعريفهم إلى إمرأة وصفوها لاحقاً بأنها "**جذّابة**". وخلال التعارف، توجّهت المرأة باتجاههم أو ابتعدت عنهم، وطلب منهم تحديد متى كانت موجودة بمسافة "**مثالية**" عنهم، ومتى كانت على مسافة "**غير مريحة لهم بعض الشيء**".

ولم يؤثر هرمون "**أوكسيتوسين**" في رأي الرجال جميعهم بالنسبة للمرأة، وهو أنها "**جذّابة**"، وكان تأثيره هو نفسه عند الرجال المتزوجين، بغض النظر عمّا إن كانت نظرت في أعينهم خلال التعارف أو تجنّبت ذلك.

"أحبك"..

كلمة يسارع القول بها الرجال قبل النساء[8]

كل منهما يضع سعراً مالياً مختلفا للحزن والسعادة

الدراسات الحديثة جاءت مغايرة للصورة التي
رسمت لنا في أفلام هوليوود كما هو الحال في الفيلم الشهير
"كازابلانكا" مع أنغريد بيرغمان وهمفري بوغارت (أ.ب)

لندن: "الشرق الأوسط"

8 جريدة الشرق الأوسط اللندنية – يوميات الشرق – الثلاثاء 24 نوفمبر
2009 – العدد: 11319.

الاعتقاد السائد أن النساء مخلصات أكثر من الرجال في علاقاتهن ومتسامحات مع شركاء حياتهن حتى في حالات الخيانة الزوجية. إلا أن الرجال، في المقابل، يتغلبون على النساء في سرعة تعبيرهم عن حبهم، كما جاء في دراسة بريطانية حديثة حول العلاقات بين الجنسين أجريت لصالح صحيفة **"ذي ديلي تلغراف"** البريطانية اليومية.

وحسب المسح فإن معدل طول الفترة التي يقضيها الرجال منذ تعرفهم على امرأة هي سبعة شهور قبل الإفصاح عن شعورهم والنطق بكلمة **"أحبك"**. أما عند النساء فإن معدل طول الفترة هي ثمانية شهور، حسب النتائج التي قامت بجمعها مجلة **"ستيلا"** المتخصصة في ترتيب اللقاءات بين الجنسين. كما أن الرجال فوق سن 55 هم أكثر الفئات العمرية نشاطاً وسرعة في التعبير عن هذا الشعور، كما جاء في المسح الذي قامت به منظمة استطلاع الرأي **"يو غوف"** البريطانية لصالح الصحيفة.

وقامت المؤسسة، التي تعتبر من أكثر المؤسسات مصداقية ودقة، باستطلاع آراء 2000 رجل وامرأة خلال العام الماضي. وقالت جني ترينت هيوز، المتخصصة في العلاقات الزوجية، **"مع أن النساء أكثر إفصاحاً عن حبهن للرجال، ودائماً يعبرن عن ذلك**

دون إحراج أو تردد، فإن الرجال أيضا يتمتعون بحساسية عالية وعاطفة جياشة، وأحياناً أكثر من النساء".

أما أوليفر جيمس، خبير علم النفس وله عدد من الكتب في هذا المجال، فقال إن النتائج جاءت متوافقة مع العديد من الدراسات السابقة التي تبين أن الرجال يقعون في الحب باستمرار وأكثر من النساء، وأنهم عرضة لأن يتأثروا بالعلاقات والتقلبات العاطفية.

"النضج في القضايا العاطفية عند النساء أسرع من الرجال، وهن أكثر واقعية والتصاقاً بعواطفهن" قال جيمس. "وعندما ينطق الرجل بكلمة أحبك، قد يعكس ذلك الطريقة التي يعبر فيها الرجل عن عواطفه التي لا يفهمها، أما بالنسبة للمرأة فإنها تعني ما تقول". وحسب الاستطلاع فإن أكثر من ثلثي الرجال والنساء فوق سن 55 يحاولون التعرف على شريك حياة من خلال مواقع التعارف على الإنترنت، مقارنة بخُمس الفئة العمرية من 18 إلى 24 عاماً. كما أن الرجال والنساء من الفئة العمرية الأولى حالفها النجاح في إيجاد شريك حياة ولقاء أكبر عدد من الناس أكثر من غيرهم من الفئة العمرية الأخرى عبر الإنترنت. وحسب الاستطلاع فإن الرجال والنساء من الذين تزيد أعمارهم على 55 عاما التقوا بثمانية أشخاص على الأقل من خلال الإنترنت، وأقاموا علاقات صداقة ناجحة مع اثنين على

الأقل من هؤلاء. وقالت كارين سميدلي، التي تدير منظمة "التجربة مهمة" البريطانية وتقدم النصيحة للناس حول التعرف على أشخاص من الجنس الآخر، "الكثير من المتقدمين في السن يستخدمون الإنترنت للتغلب على المصاعب التي يواجهونها في الحياة بخصوص العلاقات".

كما بينت الدراسة أن الرجال يفضلون أن تكون المرأة التي يقترنون بها أقل بخمس سنوات من عمرهم، وجاءت هذه الفجوة في عدد السنين ملائمة للمرأة أيضاً، التي تفضل هي الأخرى أن يكون الرجل يكبرها بخمس سنوات.

واتفق الرجال والنساء على من يدفع الفاتورة في أول لقاء تعارف لهما. وتبين أن الرجال يدفعون ما يعادل 40 جنيها استرلينيا (60 دولاراً) بينما تدفع النساء تقريباً نصف هذا المبلغ. ومع كل هذا فإن الاعتقاد السائد بأن الحب لا يشترى، وهو ما عبرت عنه أغنية فرقة البيتلز البريطانية الشهيرة في أغنيتها "لا يمكنك شراء الحب بالمال"، قد يتغير، حسب دراسة أخرى تناولت العلاقات بين الجنسين.

وتقول إن الفرقة كانت خاطئة تماماً في أغنيتها التي تضمنت كلمات أخرى مثل "أفضل الأشياء في الحياة مجانية". وقال اقتصادي

استرالي، في بحثه الذي نشرت نتائجه أخيراً، إن سعادة الحب ليس فقط يمكنك تمييزها عن سعادة ربح اليانصيب مثلا إلا أن قيمتها أقل بكثير. ويقول البروفسور بول فريغيترز، الذي قام باستطلاع آراء أكثر من 10 آلاف شخص على مدى ثماني سنوات، إن السعادة رخيصة جداً، وإن القيمة المالية لأحداث مثل الزواج أو شراء بيت جديد أو الشعور بالحزن لفقدان شخص عزيز، كلها مختلفة وتعتمد إذا كان الشخص رجلا أم امرأة. ويقول إن الرجال يتأثرون ويشعرون بالبؤس أكثر من النساء لهذه الأحداث. ويقول إن الرجال، مثلاً، يعتبرون أن الزواج يساوي من الناحية المالية 17 ألف جنيه إسترليني (25 ألف دولار)، أما بالنسبة للمرأة فإنه يساوي نصف المبلغ. كما أن الرجال يتأثرون بالطلاق أكثر من النساء.

فريق البروفسور بول فريغيترز، تتبع أحداثاً مهمة في حياة الشخص على مدى عدة سنوات وسأله الفريق عن وضعه النفسي وتقديره على سلم من عشر نقاط بعد مواجهة أحداث مهمة في حياته. ومن خلال الإجابات تمكن من وضع قيمة مالية على ما أسماه: "التكلفة النفسية" و"المنافع النفسية". واكتشف أن الأحداث المحزنة لها تأثير أكبر من الأحداث السعيدة.

ويقول البروفسور بول فريغيترز إنه بالنسبة للرجال فإن فقدان شخص عزيز مثل شريكة الحياة أو الابن قد يساوي فقدان 350 ألف جنيه إسترليني (500 ألف دولار)، أما بالنسبة للمرأة فإن ذلك يعني فقدان 73 ألف جنيه (110 آلاف دولار).

"فقدان شخص عزيز له قيمة أكبر من الاقتران به"، قال البروفسور بول فريغيترز في تصريحات لصحيفة **"سيدني مورنينغ هيرالد"** كما جاء في صحيفة **"إندبندنت"** البريطانية اليومية. **"هناك عدم تساوٍ في الشعور تجاه أحداث الحزن والسعادة. قد يكون مفاجئاً لنا، لكننا كبشر نشعر بالخسارة أكثر من الربح"**. كما أن بعض الأحداث ينظر إليها كأنها خسارة عند الرجال وربح عند النساء. ويقول فريغيترز إن الانتقال من بيت إلى آخر يساوي خسارة 12 ألف دولار عند الرجال، أما بالنسبة للنساء فإنه يساوي ثمن هدية بـ 2200 دولار.

4 مراحل تمرّ بها الاستجابة الجنسية عند الرجل[9]

<u>الرجل – دبي:</u>

لقد حدَّد الباحِثون أربعَ مراحل للاستجابة الجنسيَّة عندَ الرِّجال والنِّساء:

- التهيُّج الجِنسي أو الإثارة arousal،
- وأوج الإثارة plateau،
- والنَّشوة أو هزَّة الجِماع orgasm،

---

[9] مجلة الرجل – الرابط:

http://www.arrajol.com/content/%D8%A7%D9
%84%D8%A7%D9%86%D8%AA%D8%B5%D8%A
7%D8%A8/513

○ والارتخاء resolution.

وبحسب الموسوعة العربية للمحتوى الصحي هي كالآتي:

المرحلة الأولى:

الإثارة يحصل الانتصابُ erection عندَ الرَّجُل بالتحفيز أو التنبيه الجسدي أو النَّفسي، أو بكليهما. وهذا ما يؤدِّي إلى مزيدٍ من تدفُّق الدَّم إلى ثلاث مناطق إسفنجية (تُسمَّى أجزاء القضيب corpora) تمتدُّ على طول القضيب penis. يكون جلدُ القضيب فضفاضاً ومتحرِّكاً، ممَّا يسمح له بالتمدُّد. كما يصبح الصَّفَنُ scrotum (كيسٌ من الجلد يحمل الخصيتين) أكثرَ متانةً، بحيث يجرُّ الخصيتين testicles إلى الأعلى نحوَ الجسم.

المرحلة الثانية:

أوج الإثارة تتمدَّد حَشفةُ (أو رأس) القضيب glans، وتمتلئ الأوعيةُ الدموية في القضيب وما حوله بالدَّم؛ وهذا ما يؤدِّي إلى اغمقاق لونه، وكِبر الخصيتين حتَّى نحو 50 ٪ من حجمها الطَّبيعي.

47

تستمرُّ الخصيتان في الارتفاع، ويظهر شعورٌ بالدفء والحرارة حول العِجان perineum (المنطقة الواقِعة بين الخصيتين والشَّرج). كما يزداد معدَّلُ ضربات القلب، ويرتفع ضغطُ الدم، ويصبح التنفُّس أسرع، ويتقلَّص الفخذان والأرداف؛ ويصبح الرجلُ على وشك الحصول على النَّشوة الجنسية (هِزَّة الجِماع).

المرحلة الثالثة:

النشوة الجنسية أو الدفق المنوي تدفع سلسلةٌ من التقلُّصات المنيَ (السَّائل المنوي) semen بقوَّة نحوَ الإحليل urethra (الأنبوب الذي يخرج على طوله كلٌّ من البول والسَّائل المنوي من القضيب). وتحدث هذه التقلُّصاتُ في عضلات قاع الحوض، وفي الأسهر vas deferens (القَناة الناقلة للنِّطاف) (الأنبوب الذي ينقل الحيواناتِ المنويَّة من الخُصيتين إلى القَضيب)، وفي الحويصلتين المنويتين seminal vesicles وغدَّة البروستات prostate gland أيضاً، وكلاهما يقوم بإضافة السَّائل إلى الحيوانات المنويَّة. ويُسمَّى هذا المزيجُ من الحيوانات المنوية أو النطاف (5 ٪) والسَّائل (95 ٪) المنيَ أو السَّائلَ المنوي. وهذه الانقباضاتُ أو التقلُّصات هي

48

جزءٌ من النشوة الجنسية، ولكن يصل الرجلُ إلى نقطة لا يمكنه فيها منع القذف أو الدَّفق المنوي من الحدوث، حيث تؤدي هذه التقلُّصاتُ في غدَّة البروستات وعضلات قاع الحوض إلى قذف المني، حيث يُضطرُّ السائلُ المنوي إلى الخروج عبرَ القضيب.

<u>المرحلة الرابعة:</u>

الارتخاء يكون الرجلُ الآن في مرحلة الانتِعاش أو الارتخاء، حيث يتراجع القضيبُ والخصيتان إلى حجمها الطبيعي. ويتنفَّس الرجلُ لاهثاً وبسرعة، كما يدقُّ قلبُه بسرعة أيضاً، وربَّما يتعرَّق. تكون هناك فترةٌ من الوقت بعدَ القذف لا يمكن خِلالها الحصولُ على نشوةٍ جنسيَّة أخرى. ويختلف ذلك بين الرِّجال، من بضع دقائق إلى بضع ساعات أو حتَّى أيام، وربَّما أكثر من ذلك عندَ كبار السنّ. إذا حصلت الإثارةُ الجنسيَّة عندَ الرجُل ولكن لم يقذف المني، يمكن عندئذٍ أن تستغرقَ مرحلةُ الارتخاء وقتاً أطول، وربَّما يحدث وجعٌ في الخصيتين والحوض.

49

51 % من الأردنيين فوق 29 عاماً يعانون الضعف الجنسي([10])

كشفت دراسة أردنية أن 51 % من الرجال في الأردن ممن هم فوق سن 29 سنة عاماً يعاني نوعاً من الضعف الجنسي. وقال الأستاذ المساعد في كلية الطب في جامعة العلوم والتكنولوجيا الدكتور إبراهيم الغلاييني معد الدراسة إنها نفذت بالتعاون بين الجامعة ومستشفى الملك المؤسس، واعتمدت على الاستبيان العالمي للضعف الجنسي المكون من عدة أسئلة خاصة ودقيقة لتقييم قدرة الرجل

[10] تقرير – البيان الإمارتية – 24 أبريل 2010 – تونس: ضحى السعفي – عمان: لقمان اسكندر – المنامة: غازي الغريري – المنامة: البيان.

الجنسية، وكشفت بان حوالي 51 % من الرجال في المملكة لديهم مشكلة جنسية بمستوياتها المختلفة "البسيطة والمتوسطة والشديدة".

والدراسة حملت عنوان: "الصحة الجنسية عند الرجال في الأردن" وأثبتت أن العلاقة بين الصحة الجنسية والعمر كانت طردية، فكلما زاد عمر الأشخاص زادت مشاكلهم الجنسية.

وهناك عدة عوامل تزيد نسب الضعف الجنسي، لدى الرجال منها التدخين وقلة الرياضة، والصحة النفسية، وقلة الدخل الشهري، وزيادة الوزن. أما المفارقة، فهي الأرقام الرسمية التي أظهرتها دائرة الإحصاءات العامة مؤخراً، وتحدثت عن المتزوجين الأردنيين الذين يميلون للتدخين بشكل أكبر من العزاب، علما بان ربع السكان في الأردن من فئة المدخنين بشكل منتظم.

ووفق الدراسة فإن 54 % من الرجال مدخنون أو تركوا الدخان بعد فترة طويلة من ممارسته. وأشار إلى أن التدخين من أهم الأسباب وراء الضعف الجنسي.

في الوقت الذي كشفت فيه دراسة أعدها فريق وطني من أكاديميين واختصاصيين نفسيين أردنيين نهاية العام الماضي، أن مسحًا شاملاً لمؤسسات الخدمات الصحية النفسية في المملكة تقدم خدماتها لما

يقارب مليون مواطن أردني يعانون من اضطرابات نفسية، علماً بأن عدداً كبيرًا من الاردنيين يرفضون متابعة حالتهم النفسية لدى المختصين.

وعن السلوكيات اليومية التي تؤثر في قدرات الرجل الجنسية، أجاب د. الغلاييني: "توجد علاقة مباشرة بين العادات، وأبرزها العامل النفسي لدى الرجال، المعروفة عالمياً أنها تؤثر في قدرة الرجل الجنسية، كما أن الوضع الاقتصادي الذي يعيشه المواطن الأردني والعربي بشكل عام وقلة الدخل الشهري يؤثر تأثيراً كبيرًا في الرجل".

وكانت الدراسة قد لاحظت أن الأشخاص الذين يتمتعون بدخل عال، تكون نسب الضعف الجنسي لديهم أقل من الأشخاص الذين يعانون من دخل متدن. وتتحدث أرقام دراسات الفقر الأكثر تفاؤلا بان عدد الجوعى في الأردن يقدر بـ 000,60 أسرة، أي حوالي ربع مليون نسمة.

وعلق الدكتور الغلاييني بالقول: إن أصحاب الدخل المرتفع يعانون ضغطاً بنسب أقل من الفقراء وأصحاب الدخول المتدنية، علمًا بأن المؤشرات العالمية تتحدث عن أن الضغط النفسي مسبب مهم

ورئيس للضعف الجنسي لدى الرجال. وعندما يشعر الرجل بأن رزقه قليل

يدخل في دوائر القلق على حياته وحياة أطفاله، وهو ما ينعكس سلبياً على الناحية الجنسية لديه.

وأضاف أن من يمتلك دخلاً شهرياً جيداً يحافظ على صحته، عبر الفحص الطبي المستمر، وذلك بعكس الأشخاص من ذوي الدخل المتدني.

وحول تأثيرات الركود الاقتصادي، قال إذا استمرت الأوضاع الاقتصادية بالتدهور فإن النسب مرشحة للارتفاع. ولكنه قال أيضًا إن أسباب الضعف الجنسي لا تتأثر بالنواحي الاقتصادية فقط، ولكن هناك عوامل أخرى أيضا مثل زيادة الوزن، التي تؤدي إلى أمراض عديدة مثل السكري وتصلب الشرايين وارتفاع الضغط.

وهو ما يعني بالضرورة مشاكل جنسية. أما الأشخاص الممارسون للرياضة من هم فوق الستين والسبعين عاماً ليست لديهم مشكلة جنسية وفق نسب أعمارهم.

ولفت الدكتور الغلاييني إلى أن 32 % من الرجال المبحوثين كانوا يدركون أن لديهم مشكلة جنسية، وأجابوا بذلك، بينما حوالي

70 % أجابوا بالنفي. ولكن عندما تم احتساب النقاط تبين أن 51 % لديهم مشكلة جنسية.

40 % من التونسيين مصابون بالاختلال العضوي

نشرت الجمعية التونسية للدراسات والبحوث الجنسية مؤخراً دراسة تشير إلى أن 40 في المائة من الرجال يعانون عجزاً جنسيًا بطرق متفاوتة، والدراسة أعدها مجموعة من الأطباء المختصين في أقسام الكلى والمسالك البولية بالمستشفيات العامة في مختلف المناطق. هذا الرقم المخيف جعلنا نحمل بعض الأسئلة عن الأسباب وطرق الوقاية والعلاج وغيرها، للدكتور الحبيب بو جناح أستاذ جراحة الكلى والمسالك البولية، ورئيس الجمعية التونسية للدراسات والبحوث الجنسية والخلل الجنسي، ورئيس الجمعية التونسية للصحة والبيئة.

عن الأسباب التي دفعته لإنشاء جمعية تعنى بموضوع الخلل الجنسي لدى الرجال قال: الجمعية كانت فكرة لمجموعة من الأطباء، بسبب كثرة الحالات التي اكتشفناها، كما أننا نحمل إيماناً، بأن الصحة الجنسية لدى الأفراد من مقومات المجتمع الناجح والسوي. وقد أنشأنا

الجمعية منذ عام 2003، وهي تحظى بالاهتمام سواء من الناس العاديين أو الجهات الطبية الفاعلة.

ويكفي أن نعرف إن ثلث الرجال الذين تجاوزوا الأربعين سنة يعانون من الخلل الجنسي، وهو مرض ككل الأمراض يهدد الحياة الزوجية، وغالبًا ما يفضي إلى الطلاق والنسبة مرشحة للارتفاع كلما تطور عمر الرجل وتقدم في السن.

وحول الأسباب المباشرة لإصابة حوالي 40 بالمائة من الرجال بالمرض، في البداية أكد أن النسبة تشمل عدة أنواع من المرض، فلا نستطيع أن نقول إن الأربعين في المائة كلهم مصابون بالعجز الجنسي، ولكن بالخلل الجنسي، لأن هناك أنواعاً منها الظرفية، والبسيطة ومنها التام، وكل الأنواع لها أدوية خاصة بها، ويستطيع كل مريض أن يتجاوز مشكلته الصحية تلك.

أما الأسباب المباشرة فهي التدخين، السمنة، أنواع السرطان التي تصيب الحوض وأدويتها، أمراض القلب والشرايين وغيرها.

كما أن هناك أسبابا نفسية بحته مثل التحضير للزواج والضغوطات المباشرة، والتوتر النفسي بسبب الامتحانات، ثم التوتر بصفة عامة لأنه يؤدي لتلك الحالة.

وعموما فأهل المدينة يصابون بهذا المرض، أكثر من سكان الريف، فالازدحام والتلوث والأصوات العالية والإزعاج بطريقة يومية في المدن لها تأثيراتها.

وعن العلاقة بين الأكل والخلل الجنسي، يقول الحبيب: طبعا هناك علاقة، لكنها غير مباشرة، فمثلاً أكلات الوجبات السريعة الجاهزة المليئة بالدهون تكون صعبة الهضم. بالإضافة إلى الحلويات والمكسرات والمقبلات، فهي تؤدي إلى أمراض عديدة كالسكري وضغط الدم والكولسترول وأمراض الضغط النفسي، وكلها تقود في النهاية مشكلة الخلل الجنسي.

تقبل المشكلة

وتطرق الدكتور إلى مدى تقبل الرجل الشرقي بصفة عامة والتونسي بصفة خاصة لمشكلته الجنسية، فقال: لم تعد مشاكل الرجل الجنسية تشكل عائقاً بسبب الحياء أو غيرها، بل

بالعكس فالرجل العربي وصل لمرحلة وعي كامل بأن الخلل الجنسي، هو مجرد مشكلة يمكن حلها بسهولة عند زيارة الطبيب وخضوعه للعلاج اللازم.

كما أن السكوت عن المشكلة يمكن أن يحدث المزيد منها، فالخلل يؤثر على شخصية المريض، وتتأزم نفسيته ويصاب بالاكتئاب، وقد يؤدي ذلك إلى الطلاق، وقد بينت الإحصائيات أن ما بين 20 و30 بالمائة من حالات الطلاق في تونس، سببها الخلل الجنسي سواء بالنسبة للرجل أو المرأة.

ولا يقتصر الأمر على المشاكل الأسرية، بل أيضًا على الحياة المهنية والاجتماعية، لأن الرجل في تلك الحالة سيكون مهتما فقط بمشكلته التي تؤرقه أناء الليل وأطراف النهار، وتجعله يتصرف بلامبالاة وعدم اهتمام أمام مسؤولياته العملية والمهنية.

ولفت الحبيب بالقول، عادة مشاكل الخلل الجنسي لا تعالج بالجراحة، بل بالأدوية

فقط، ولكن المشكلة الكبيرة في تونس أن الكثير من الأدوية الفاعلة ممنوعة من الدخول مثل الفياغرا، السياليس ولوفيترا، وهذه هي المشكلة الرئيسية لأنني كطبيب أجد صعوبة كبيرة في علاج المريض فليس هناك أدوية شافية يمكن الاعتماد عليها.

وعن السبب وراء قرار المنع أوضح لا نعرف السبب وقد راسلنا الجهات المعنية بالموضوع أربع مرات ولم نتلق أي جواب شاف يزيل الغموض.

تأثيرات الأدوية

وحول ما يتردد بأن لتلك الأدوية تأثيرات سلبية على القلب أو غيره قال: أشارت الأبحاث أن لا أعراض جانبية لها. ونسبة نجاحها تبلغ 80 بالمائة، وهي متوفرة في جميع دول العالم، إلا تونس، ونحن نعتبر الخلل الجنسي عند الرجال مرضًا مثل جميع الأمراض. ويجب آن يحظى بحقه في العلاج، وعدم وجود العلاج يدفع المريض إلى السوق السوداء أو شراء بعض الأدوية التي لا أحد يعرف محتواها ولا يدرك خطورتها. وقد يلجأون إلى الأدوية المنتشرة في الطب البديل كالأعشاب وغيرها.

لكنني لا أشجع المريض على اللجوء للعرافين والدجالين للمداواة لأننا لا نملك الطب البديل الحقيقي الذي يكون مزاوله متعلمًا وله وعي ودراية بالمهنة. ووجه في ختام حديثه نصائحه للوقاية من

المرض مطالبًا كل شخص بالمحافظة على الأكل الصحي وممارسة الرياضة وتجنب عوامل ومسببات التوتر.

البحرين.. علاج حالات عقم عديدة بالأعشاب الطبيعية

التدخين والسمنة يرتبطان ارتباطاً وثيقاً بالضعف الجنسي، حيث إن عدد المصابين بالضعف من المدخنين يزداد إلى 3 أمثال غير المدخنين والأمر في الرجال كذلك الذين يعانون من زيادة الوزن، وتعزى هذه الزيادة في فرصة حدوث الضعف الجنسي إلى زيادة نسبة تلف وتصلب الشرايين وتلف الأنسجة لدى الرجال.

الباحث في علم الأعشاب والتغذية محمد موسى الأسمر، الذي عالج الكثير من حالات العقم في البحرين مستنداً إلى خبرة تزيد على 13 عاماً في مجال الأعشاب الطبيعية التي توارثها أباً عن جد، يقول إن من المسببات الرئيسة لحدوث "العجز الجنسي" عند الرجال، قلة التمارين الرياضية، وعامل السن، وأمراض شرايين القلب والسكري والضغط.

وقال: "هناك أدوية ومقويات طبيعية مختلفة لعلاج الضعف الجنسي ومنها على سبيل المثال نبات "الجينسيغ" وهو نبات معمر

وله جذور متفرعة، يزرع في كوريا واليابان وأميركا والجزء المستعمل من "الجينسيغ" هو الجذور وهو متفرع على صورة جسم إنسان يمد ساقيه وذراعيه في الهواء كأنه يطير في الفضاء".

وعن معالجته بعض حالات العجز الجنسي، قال الأسمر إنه تمكن من معالجة العشرات من حالات العجز الجنسي بواسطة الأعشاب والأدوية الطبيعية الخالية من المواد الكيميائية، مشيراً إلى أن بعض الأسر يئست من العلاجات بمختلف الأدوية الكيميائية واستطاعت أن تعالج بــ "كورسات" الأعشاب الطبيعية.

وبين الأسمر أن العسل من البدائل الطبيعية التي قد يساهم في الحد من مشكلات العجز الجنسي ، لأنه يحتوي على تركيبة غذائية خاصة، تزيد قدرة الرجل الجنسية، وترفع مستوى الإخصاب عنده، وسمي "شهر العسل" هذا الاسم لأن العرسان في أوروبا كانوا قبل قرون عدة يشربون العسل طيلة الشهر الذي يسبق الزواج لأجل الإخصاب.

سبب 80 % من حالات العجز الجنسي جسدي

أوضح الخبير في مجال العجز الجنسي البروفيسور الفرنسي اللبناني كابي كامل الذي عالج الكثير من حالات العجز الجنسي في البحرين بأن أكثر من 80 % من حالات العجز الجنسي تعود لسبب جسدي، فيما أشار إلى النسبة المتبقية من الحالات لها أسبابها نفسية.

وقال البروفيسور كامل إن الضعف الجنسي في بعض الأحيان لا يقتصر على الأشخاص المسنين، موضحاً بأن بعض الأدوية قد تسبب تأثيرات جانبية تساهم في العجز الجنسي الذي يؤدي إلى الخلل العضوي، وهو ما يؤثر بشكل خطر على تصرفه بالمنزل وفي مكان العمل.

وأكد أنه بالإمكان معالجة معظم حالات العجز الجنسي بسرعة وسهولة وكفاءة مهما كان عمر الشخص الذي يعاني منه، موضحاً بأن أمراض كــ (السكر ــ الضغط ــ القلب ــ القرحة) تؤثر تأثيراً سلبياً على الأداء الجنسي، فالجراحة أو أي حادثة يمكن أن تؤذي الأوعية أو الأعصاب أو الشرايين المؤدية إلى القضيب، ويمكن أيضا لمشاكل الهرمونات أن تعيق عملية الانتصاب.

وعن طرق العلاج قال البروفيسور كامل إن العلاج يبدأ بالتشخيص الذي يجريه الأطباء ويتم إجراء سلسلة من الفحوصات

تساعد الأطباء على كشف السبب الحقيقي للمشكلة لينصحوا باعتماد العلاج الملائم لأولئك الذين يعانون من العجز أو الاضطرابات الجنسية.

الفقر وكروش الوجاهة يقودان لأمراض تسبب العجز

عندما ذهبت إلى الطبيبة وهي تخشى من إصابتها بمرض السرطان جراء أوجاع في بطنها، أبلغتها الطبيبة بعد الفحوص الدقيقة أن ذلك بعيد، ولكن، كيف هو زواجك؟ لم تفهم المريضة ما الذي تقصده الطبيبة من سؤالها فاستفسرت منها فاجابتها: هل علاقتك الجنسية مع زوجك جيدة؟ اكتفت السيدة بالبكاء. هي قصة سردها أحد التقارير الطبية عن كيف يمكن أن يقود الضعف الجنسي لدى الزوج إلى مشاكل عضوية لدى المرأة.

الدكتور كامل العجلوني وزير الصحة الأسبق رئيس المركز الوطني للسكري والغدد الصماء والوراثة قال إن السكري مرض من مضاعفاته تصلب الشرايين وتدمير الأعصاب وهما قرينتان تحتاجهما العملية الجنسية من أجل عملية الانتصاب، حيث يحتاج إلى الجهاز

العصبي والتروية الدموية وقد يكون ذلك ناقصًا أو معطوبًا لدى الشخص المصاب.

وحول تأثير البدانة قال إن **"كروش الوجاهة"** مؤشر واضح على ذلك وإن كان الأمر لا يخلو من استثناءات، وشرح ذلك علميا فقال: أي شخص يبلغ محيط خصره عن نصف طوله لديه مشاكل استقلابية، والتي تعني **"السكري، والتوتر الشرياني، واختلاط الدهون، والضعف الجنسي"**، والهرمون الذكري لدى الشخص البدين يتحول إلى الهرمون الأنثوي، والعكس لدى المرأة أي أن السيدة البدينة يتحول هرمونها إلى ذكري.

ويضيف لا يوجد في الطب شيء اسمه 100 بالمئة، فعندما نقول إن البدانة تقود إلى مرض السكري لا يعني ان كل بدين مصاب بالسكري. ويحذر قائلاً إذا كان الأمر في بدايته يمكن ضبط نتائجه أو مضاعفاته، والرياضة الوسيلة الأنجع لمعالجة المشاكل التي تقود إليها أمراض السكري والبدانة وغيرها. أما إذا كان هناك تلف في الأعصاب؟ فالحلول ستكون متعذرة.

كارثة اجتماعية

وحول تداعيات ذلك اجتماعياً يصف الدكتور موسى شتيوي **أستاذ علم الاجتماع في الجامعة الأردنية ومدير مركز البحوث والدراسات الاجتماعية** منظومة المعرفة الجنسية الصحية في البلاد العربية بصورة عامة بالكارثة، دون أن يعني ذلك أن الغرب أحسن حالاً.

وسألناه إن كان المجتمع يعاني من مشكلة في الثقافة الجنسية وبالتالي قد يمضي الرجل سنين طويلة دون حتى أن يدرك أن لديه مشكلة جنسية فقال: **"ما لدينا ليس مشكلة بل كارثة".**

وتوقف عند الرقم 51 بالمئة قائلاً: هو مرعب خاصة ونحن نتحدث عن رجال ما زالوا شباباً صغاراً. والمفارقة أن المفهوم المعاصر لحمل التصورات الخاصة بالحياة في عالمنا الراهن يرتبط ارتباطاً وثيقاً بالجنس. فالجنس حالة أساسية وشكل مهم من اشكال المتع الراهنة.

ويشير إلى أن العجز الجنسي يقود في حالة العلاقات الزوجية إلى مشاكل ربما تبدو وكأنها لا علاقة لها بالضعف بينما في الحقيقة هي كذلك، وهناك آثار نفسية ضخمة قد يقود إليها الضعف الجنسي عند الرجل بعد أن يفقد مكانته، أولاً أمام زوجته، وثانيًا أمام نفسه، وفي النهاية لدى المجتمع بحيث سيقوم بامور قد تبدو غير مفهومة للآخرين

ولكن من يعرف يدرك أن أساسها "**العجز الجنسي**"، فكيف هي الحالة عندما يكون العاجز شاباً؟

وعليه فأول الحلول ذات الصلة معرفة أساس المشكلة "**العجز**"، وثانيًا حلها نفسيًا وعضوياً، وذلك ممكن مع التطور الطبي الهائل.

وكانت تقارير صحفية أكدت، نقلاً عن مصادر تعمل في الأوساط الطبية أن حجم سوق أدوية الضعف الجنسي في الأردن يواصل نموه، وأن شركة "**فايزر**"، الشركة المنتجة للفياغرا، لا تزال تحتل موقع الصدارة في هذه الناحية العلاجية، باستحواذها على حصة الأسد من سوق أدوية الضعف الجنسي.

ويذكر أن طرح الفياغرا كدواء للضعف الجنسي، وهي مشكلة صحية تؤثر في واحدٍ من بين كل خمسة رجال في العالم وفي الأردن، شكل ثورة في أسلوب علاج تلك المشكلة.

إذ تشير التقديرات إلى أن حجم سوق أدوية الضعف الجنسي في الأردن قد سجل نمواً بلغت نسبته أكثر من 15 في المئة، خلال الأعوام الماضية.

أزمة منتصف العمر تؤرق المرأة والرجل[11]

"سن اليأس" يصيب الرجال والنساء والأغنياء والفقراء

ويمكن أن يؤدي إلى انفصال الزوجين ما لم يتعاملا معه

بوعي ومعرفة عميقين

النساء يمررن بمرحلة شبيهة بالولادة من جديد

لندن

يعتقد الكثيرون أن أزمة منتصف العمر لا تمر بها سوى النساء لأنها مرتبطة بما يعرف بـ "سن اليأس"، و"إفلاس" المبيض ونهاية

---

[11] أزمة منتصف العمر تؤرق المرأة والرجل — ميدل ايست أونلاين الإخباري — 26 نوفمبر 2012.

خصوبة المرأة، لكن علماء النفس قوّضوا هذا الاعتقاد بإثباتهم أن الرجل هو أيضًا معرض لهذه الأزمة أكثر من المرأة.

ويتعرض الرجال اليوم لأزمة منتصف العمر مبكراً، ويمكن أن يكون ذلك حتى في الثلاثينات من عمرهم، وهذه الأزمة لا يمكن تفسيرها برغبتهم في ركوب السيارات الفارهة والسهر في أفخر الأماكن أو ارتداء أحسن الألبسة، وإنما يصابون خلالها بضغط نفسي كبير.

فالرجال يعتقدون أنهم يعانون من أزمة منتصف العمر أكثر مما تعاني منها النساء، وذلك بنسبة 76 % مقارنة بنسبة 24 % للنساء.

وهذه الأزمة تؤدي إلى انهيار العلاقات الإنسانية بين الأصدقاء أو الأزواج وإصابة الرجل برهاب الأزمات المالية.

ويقول علماء الاجتماع إنها قد تؤدي إلى الكثير من الاختلافات وحتى إلى الانفصال بين الزوجين ما لم يتعاملا معها بوعي ومعرفة عميقين. وتشير بعض الإحصائيات إلى تزايد حالات الطلاق في صفوف الأزواج الذين قضوا 20 عاما أو أكثر مع بعضهم البعض.

وأظهر مسح أجرته مؤسسة "أو إم دي" للاتصالات الإعلامية في بريطانيا على 1700 رجل وامرأة يبلغون من العمر 45 عاما أو

أكثر أن السن لم تعد عاملاً هامًا يتحكم في توجهات وميول واهتمامات الأفراد.

كما أظهر الاستطلاع مدى اتساع الفجوة بين الرجال والنساء في مجال الاهتمامات، ففي حين قالت 64 % من النساء مثلاً إنهن يبذلن جهداً للعناية بجمالهن وأناقتهن، أظهر 29 % من الرجال اهتمامهم بذلك.

ويرى المختصون أن النساء في منتصف العمر يمكن أن يمررن بمرحلة تشبه الولادة من جديد، خاصة عندما يترافق ذلك مع زواج الأولاد ومغادرتهم المنزل لبدء حياة جديدة خاصة بهم، فالمرأة غالبًا ما تكون سعيدة بإحساسها بالاستقلال مرة أخرى، وتسعى لصياغة شخصية جديدة لنفسها كأنثى، لكن بعض الرجال لا يتقبلون مثل هذا التحول في شخصيات زوجاتهم، خاصة إذا ترافق ذلك مع إعادة برمجة روتين الحياة اليومي الذي اعتادوا عليه، فالزوج يجد صعوبة في قبول طلب الزوجة قضاء وقت أطول خارج المنزل مع صديقاتها أو في نادٍ رياضي أو جمعية خيرية مثلاً، ويحاول الضغط على زوجته كي تبقى الأمور على ما هي عليه.

وفي الوقت الذي يكون فيه التغيير عند المرأة متمحورًا حول تطوير الذات، فإن التغيير عند الرجل يأخذ غالبًا شكلاً آخر يتمثل في محاولة العودة إلى سن الشباب كما يحلو للبعض تسميته، ويحاولون أن يثبتوا لأنفسهم ولأقرانهم أنهم ما زالوا يتمتعون بالشباب والجاذبية والقوة التي كانت لديهم منذ عقدين من الزمن.

وتكمن المشكلة الرئيسة في عدم قدرة الزوجين على تفهم بواعث وأسباب التغييرات المفاجئة عند الطرف الآخر، فكل طرف يتوقع أن يبقى الطرف الآخر ثابتاً دون أي تغيير، وفي حال أبدى طرف رغبته في التغيير فإن الطرف الآخر قد يفهم ذلك على أنه تذمر وعدم رضا. وإذا أبدت المرأة رغبتها في الانضمام إلى نادٍ رياضي نسائي مثلاً، قد يفهم الرجل ذلك على أنه محاولة للابتعاد عنه.

وأوضحت دراسة استخدمت بيانات من 80 دولة أن الاكتئاب أكثر شيوعًا بين الرجال والنساء الذين بلغوا الأربعينات من عمرهم. ووجد باحثون بريطانيون وأميركيون أن السعادة لدى أناس من ألبانيا إلى زيمبابوي تبدأ قوية في مقتبل العمر قبل أن تزداد الحياة صعوبة في منتصف العمر ثم تعود إلى البهجة في سن الشيخوخة.

وقال أندرو أوزوالد من جامعة واركويك البريطانية الذي شارك في إعداد الدراسة "بشكل ملحوظ بدرجة كبيرة على مستوى العالم ينحدر الناس على منحى في شكل حرف "يو" للسعادة والصحة النفسية على مدى حياتهم".

وحلل الباحثون بيانات عن مستويات الاكتئاب والتوتر والصحة العقلية العامة أخذت من نحو مليوني شخص في 80 دولة. وقال الباحثون إنه بالنسبة إلى النساء والرجال فإن احتمالات الاكتئاب تتزايد بالتدريج ثم تبلغ ذروتها عندما يبلغون الأربعينات من عمرهم وهو نمط رصد في 72 دولة من ألبانيا إلى زيمبابوي.

وكتب أوزوالد وزملاؤه في الولايات المتحدة يقولون إن نحو ثماني دول أغلبها من الدول النامية لم تتبع هذا النمط لمستويات السعادة. وأضاف أوزوالد "يحدث ذلك للرجال والنساء، للعزاب والمتزوجين وللأغنياء والفقراء وللذين أنجبوا والذين لم ينجبوا .. لا أحد يعرف لماذا نشهد هذا التماثل".

ويقول الباحثون إن من الاحتمالات الواردة أن الناس يدركون عند منتصف العمر أنهم لن يحققوا العديد من طموحاتهم. وقد يكون

من أسباب ذلك أيضاً أن البدء في رؤية أقرانهم يموتون يجعلهم يشعرون بقيمة السنوات الباقية من حياتهم فيقبلون على الحياة مرة أخرى.

ولكن النبأ السعيد انه إذا عاش الإنسان إلى عمر 70 عاماً وظل بصحة جيدة، فإنه يشعر بمستوى السعادة الذي يشعر به من هو في سن العشرين. وقال أوزوالد **"بالنسبة إلى الشخص العادي في العالم الحديث فإن الانخفاض في السعادة والصحة العقلية يبدأ بطيئا وليس بشكل مفاجئ على مدى عام، ولا يخرج من هذه الحالة إلا في الخمسينات من عمره".**

وأظهرت دراسة تحليلية للاكتئاب والسعادة شملت مليوني شخص أن شعور المرء بالتعاسة في منتصف العمر ظاهرة عالمية. ويسير الناس في جميع أنحاء العالم وفقاً لمنحى على شكل حرف "يو" اللاتيني من حيث الشعور بالسعادة النفسية، ويشعرون بأدنى درجات السعادة في أواسط الأربعينات من عمرهم.

وقال البروفيسور أوزوالد إن النتائج التي توصلت إليها الدراسة كانت مختلفة عن النتائج التي توصلت إليها دراسات كثيرة أجريت في السابق، ومختلفة أيضاً عما تقوله كتب علم النفس التطبيقي التي ترى بشكل عام أن حالتنا المزاجية تظل ثابتة نسبياً مع تقدمنا في السن.

وأجرى الباحثان تحليلاً للمعلومات التي توصلت إليها العديد من الدراسات الاجتماعية المختلفة، من بينها دراسات اليوروباروميتر، والدراسات الاجتماعية العامة في الولايات المتحدة، ودراسة القيم العالمية، إلى جانب دراسات أكثر تخصصاً للصحة العقلية.

وكانت نتائج الدراسة متشابهة في البلدان الغنية والفقيرة، مع ترجيح وصول الشعور بعدم السعادة إلى ذروته في منتصف العمر على أن هذه الحالة تنتاب النساء في وقت أبكر من الوقت الذي تنتاب فيه الرجال.

ويعتقد معدا الدراسة أن الأثر الذي يتخذ شكل حرف "يو" متأصل في الطبيعة الإنسانية. وهما يظهران أن الاكتئاب الذي يصيب المرء في مرحلة منتصف العمر لا ينتج عن عوامل خارجية كوجود أطفال صغار في البيت، أو الطلاق، أو التغيرات التي تطرأ على الوظائف، أو الدخل.

ويقول أوزوالد "بعض الناس يعانون أكثر من غيرهم، لكن البيانات التي خرجنا بها تقول إن متوسط هذا الأثر كبير. وهو يحدث للرجال وللنساء، للأعزب والمتزوج، للغني والفقير، ولمن

لديهم أبناء ولمن ليس لديهم أبناء. ولا أحد يعرف سبب هذا الاتساق".

ويرى أوزوالد أنه بالنسبة إلى الشخص العادي في بلدان العالم المتقدم، يأتي بلوغ مرحلة الصحة العقلية والسعادة ببطء. في سن الخمسينات فقط يخرج معظم الناس من مرحلة الانحطاط. لكن، وهذا أمر مشجع، عندما يصل المرء إلى سن الـ 70 وهو لا يزال لائقاً من الناحية البدنية فإنه يكون في حالة من السعادة والصحة العقلية كالتي يكون فيها ابن الـ 20. وربما كان إدراك المرء أن هذه المشاعر طبيعية تماماً في مرحلة نصف العمر خير معين للأفراد على تجاوز هذه المرحلة بشكل أفضل.

ورحبت مارجوري والاس الرئيسة التنفيذية لدار سين للصحة العقلية بهذه الدراسة وقالت "إنها تثير أسئلة مهمة حول العمليات التي تؤدي إلى الاكتئاب في مرحلة منتصف العمر، إلى جانب أنها تبين تجربة عامة يمر بها أغلب الناس".

73

أحمر شفاه يكشف عن رغبة المرأة في ... الجنس[12]

يُعرَض للبيع في بريطانيا أحمر شفاه جديد، يمتاز بقدرته على الكشف عن الوقت الذي تكون فيه المرأة في مزاج يسمح لها بممارسة الجنس.

وأفادت صحيفة "ذا صن" البريطانية، بأن أحمر الشفاه الجديد يتفاعل مع كيمياء جسم المرأة بحيث يتغير لونه، ما يسمح للرجل

‎[12] جريدة الجريدة الكويتية – 16 مارس 2010 – الرابط:

http://www.aljarida.com/ext/articles/print/146/1807478223232900

بالتنبه إلى رغبة شريكته الجنسية. ولفتت الصحيفة إلى أن أحمر الشفاه ابتُكِر في كاليفورنيا.

كما نقلت عن متحدث باسم الشركة المُصنِّعة لأحمر الشفاه "تو فايسد" قوله: **"الألوان تتغيّر بحسب الوضع العاطفي".**

كما نقلت عن الخبيرة في شؤون المواعَدة قولها إن أحمر الشفاه هذا قد يكسر الجليد في العلاقات، **"لكن استخدامه بشكل يومي قد يكون مُحرِجاً، إذ هل يُعقل أن امرأة قد ترغب في أن يعرف رجل يجلس بجانبها في الحافلة أنه يثيرها؟".**

حقائق مذهلة عن نشوة المرأة[13]

شهوة المرأة أمر مسكوت عنه، ونشوتها الجنسية هي مساحة قد لا تصلها المرأة وقد لا تعرفها، ويظن الرجل أنه يدركها، لكنه في لحظة العناق الحميم ينساها غالباً.

موقع بريطاني متخصص بقضايا المرأة كشف 10 حقائق مذهلة عن نشوة الأنثى.

يعتقد البعض أن المرأة يمكن أن تصل إلى ذروتها الجنسية في كل مرة تمارس فيها الجنس، لكن دراسة نشرها موقع Womansday المتخصص في شؤون المرأة كشفت أن 30 في

[13] جريدة الأحداث المغربية – 22 يوليو 2015.

المائة من النساء الغربيات لم يبلغن نشوتهن قط، ووصلن سن اليأس وبتن يمتنعن عن المواقعة الجنسية، وهن يجهلن مذاق الوصول إلى ذروة العلاقة الجسدية.

الدراسة كشفت عن 10 حقائق خفية تتعلق بنشوة المرأة:

1. النشوة قد تهدئ الآلام. ويشمل ذلك آلام دوالي الساقين، والآلام الناجمة عن العمليات الجراحية وتلك الناجمة عن الولادة. ويُفسر هذا علميا بأنّ بلوغ النشوة يُطلق مادة اوكسيتوسين التي تبعث شعورا بالارتخاء وتنزيل التوتر. لكن الدراسة تستطرد أن الشفاء من الألم يستغرق 10 دقائق لا أكثر.

2. الواقي الذكري لا يؤثر على نشوة المرأة نوعيًا. فعكس ما يشيع في عالم الرجال، تصل المرأة إلى النشوة سواء استعمل الرجل الواقي الذكري أم لم يستعمله، بل يرى البعض أن استخدام الواقي يُطيل أجل المواقعة الجنسية، ويؤجل بلوغ الرجل لنشوته، وبالتالي يتيح للمرأة أن تصل إلى نشوتها التي تتأخر كثيرًا عن نشوة الرجل.

3. ثلاثون بالمائة من النساء لا يبلغن النشوة. واحدة من كل 3 نساء تعاني من مشكلات في بلوغ النشوة، بل إن 80 بالمائة

من النساء يعانين من آلام مهبلية تعيق بلوغهن الذروة. وتذهب الدراسة إلى أن العلاج بهورمون "تيستسرون" أو بعض العلاجات الفموية يمكن أن يحقق نتائج باهرة لحل هذه المشكلة.

4. العثور على موطن اللذة قد يساعد المرأة على بلوغ النشوة. اكتشف العالم الألماني "ايرنست غيفنبيرغ" عام 1950 أن لكل امرأة منطقة تصل من خلالها إلى ذروة لذتها الجنسية. الدراسات الحديثة تشجع النساء على استكشاف مناطق الرعشة في أجسادهن للوصل إلى النقطة التي توصلهن إلى النشوة.

5. بلوغ النشوة يتحسن بتقدم عمر المرأة. رغم أن تقدم العمر يؤدي في أحيان كثيرة إلى تدهور وظائف الجسم، لكن الحياة الجنسية للإنسان تتحسن في الغالب بتقدم العمر رغم ما يشاع في الثقافة الشعبية عن ذلك. ففي حين لا تبلغ نسبة كبيرة من النساء نشوتها وهي في العشرينات، فقد خلصت الدراسة إلى أن 70 في المائة من النساء يبلغن الذروة في كل مواقعة جنسية وهن في الخمسين.

6. تعدد أساليب المواقعة يُساعد المرأة على بلوغ النشوة. على النساء أن يحرصن على تنويع أساليب المواقعة الجنسية مع

رجالهن في غرف النوم، وكلما زاد هذا التنوع، عظُم احتمال وسرعة وصول المرأة إلى نشوتها، وهذا يعني عملياً أن على الشريكين أن ينفقا وقتاً أطول في لقاءاتهما الجنسية.

7. اهتمام المرأة واحترامها لأعضائها التناسلية يتناسب طردياً مع بلوغها النشوة. خلصت الدراسة إلى أن المرأة التي لا تخجل من النظر إلى أعضائها الجنسية، والتي تواصل العناية بنظافة هذه الأعضاء ومظهرها الخارجي، تصل في الغالب إلى النشوة الجنسية في لقائها بالرجل. والأمر يبدو مرتبطا إلى حد كبير باحترام المرأة لمناطق أنوثتها.

8. فجوة في النشوة!

يظن 85 بالمائة من الرجال غالبا أن شريكاتهن في الفراش قد وصلن نشوتهن بعد المواقعات كما أظهر استطلاع نشره احد مراكز الأبحاث، لكن 64 بالمائة من النساء التي أجري عليهن الاستطلاع فقط وصلن النشوة. وأوضحت الدراسة أن علاج هذه الحالة صعب، ويعتمد في الغالب على جرأة المرأة في إخبار شريكها بحقيقة وضعها.

79

9. في حالات قليلة تصل المرأة إلى نشوتها دون ملامسة أعضائها الأنثوية. يقول خبراء إن هناك نساء يصلن إلى النشوة وحدهن دون شريك أثناء ركوبهن القطار، ولا يوجد تفسير مقنع لهذه الحالة، لكن الأطباء يرجّحون أن تدفق الدم إلى أعضاء المرأة الجنسية بسبب طول الجلوس، والاهتزازات الناجمة عن حركة القطار قد تكون هي السبب في هذه الظاهرة.

10. النشوة عند أغلب النساء تستغرق بعض الوقت. حسب دراسة موقع Womansday المتخصص في شؤون المرأة، تحتاج المرأة إلى 20 دقيقة كحد أدنى لبلوغ النشوة، وتُنصح المرأة ببعض الأوضاع واللمسات لتقليل سرعة بلوغ الرجل الذي يشاركها المواقعة إلى نشوته، ليصل الاثنان في وقت متقارب بما يضمن وصول المرأة النادر إلى ذروتها.

إفرازات الرجال من العرق تنشط الرغبة الجنسية للنساء[14]

بجانب فوائده.. عرق النساء يثير الرغبة الجنسية للرجال

إفرازات الرجال من العرق تنشط الرغبة الجنسية للنساء

محـــيـــط ــ خاص

هل تعرف عزيزي القارئ أن العرق رغم أنه مزعج في أحيان كثيرة ولكنه صحي باعتباره يسهم في طرد المواد السامة من الجسم، الأمر الذي ينظم حرارة جسم الإنسان، ويحتوي العرق على مواد قاتله للبكتريا تمنع العدوى، وكذلك يكون الجلد الجاف الذي لايعرق أكثر

---

[14] موقع محيط الإخباري 12 أكتوبر 2010.

عرضة للعدوى، وجاءت دراسة يابانية حديثة لتؤكد أن الرجال أكثر فاعلية في إفراز العرق من النساء.

وشملت الدراسة التي أجرتها جامعتا **أوساكا الدولية** و**كوبي** في اليابان، ونشرت في دورية "**إكسبيريمنتال فسيولوجي**"، على 37 شخصاً، منهم 20 امرأة و17 رجلاً، من بينهم 10 نساء و8 رجال متدربين، وطلب من المشاركين في الدراسة أن يتمرنوا على دراجة هوائية ثابتة لمدة ساعة، وفي غرفة بدرجة رطوبة نسبية تصل إلى 45 %.

وتوصل الباحثون إلى أن للمشاركين المتدربين معدلات إفراز عرق أعلى على مناطق الجبهة والصدر والظهر والذراعين، تفوق تلك لدى غير المتدربين، على أن الرجال المتدربين كانوا أكثر إفرازاً للعرق من النساء المتدربات. وكان على النساء غير المتدربات أن يبذلن جهداً أكبر لرفع درجة حرارة أجسادهن من أجل حفز الغدة العرقية على الإفراز.

يذكر أن دراسة سابقة ذكرت أن مادة كيماوية في إفرازات الرجال من العرق تنشط الدماغ والرغبة الجنسية وتحسن الحالة النفسية لدى النساء، وبهذا تكون الدراسة قدمت أول دليل مباشر حول مدى

تأثير روائح الجسد على أحاسيس الجنس الآخر، وفق فريق البحث من جامعة كاليفورنيا، بيركلي.

وأكدت كلير ويارت التي قادت البحث أن هذه سابقة، وأول مرة يثبت خلالها التغييرات التي تطرأ على معدل هرمونات النساء بمجرد شم مادة محددة من عرق الرجال، مضيفة "يحدث الكثير، وما يفوق التفكير، بمجرد شم رائحة الجسم".

العرق والخصوبة

توصلت دراسة أمريكية حديثة أن رائحة العرق الصادرة من إبط الرجال تشعر السيدات بالهدوء والاسترخاء، كما أنها تؤدى لتحسين الخصوبة لدى السيدات. وأشار جورج بري الذي قاد هذه الدراسة، إلى أن إبط الرجال يحتوي على فيرمونات نشطة فيزيائياً تستطيع تغيير السلوك والتأثير في المخ.

وقام بري بتعريض متطوعات لفيرمونات مركزة مأخوذة من عرق إبط رجل، لمدة ست ساعات وتم قياس تأثيرها على دورة الطمث لدى السيدات. وأظهرت النتائج أن النساء قد انضبط ميزان مزاجهم وتمتعوا بالهدوء والاسترخاء لمدة 6 ساعات، كما بينت أن

هناك شئ ما فى العرق يصفى مزاج النساء ويساعدهم على عدم الشعور بالقلق، كما أظهر تحليل الدم ارتفاع فى معدلات إنتاج هرمون "اللوتيتزينج" الذى يتدفق قبل الأباضة "خروج البويضات من الرحم".

ومن المعروف أن المخ يطلق هرموناً لإفراز مادة "اللونين" في نبضات أو دفعات وتزيد هذه الإفرازات وتتعاقب بشكل أسرع عند المرأة عندما تقترب فترة التبويض وعندما شمت المتطوعات فرمونات إبط الرجال سارعت هذه الرائحة بوصول الدفعة الثانية أو النبضة الثانية من "اللونين"، الذي يعني تسريع فترة التبويض عند السيدات، وأضافوا إنهن شعرن بانخفاض التوتر والاسترخاء بعد شم هذه الرائحة.

ويؤكد خبراء الصحة العامة أن التعرق يساعد في تحسين التنفس، فمن يتعرق قليلاً يتمتع بنشاط إفرازي ضعيف للغدد الدمعية في العين والغدد اللعابية في الفم وقد يعاني من مشاكل في التنفس عند قيامه بنشاط رياضي مرهق كممارسة الرياضة، وعلى العكس يقي التعرق وإفراز اللعاب أثناء ممارسة الرياضة من الربو.

وأشار الباحثون في **جامعة ميتشيجن الأمريكية**، إلى أنها المرة الأولى التي يتم من خلالها تحديد علاقة بين درجة إفراز اللعاب والعرق

من جهة واحتمال التعرض لنوبات من الربو الناجم من التعب من جهة أخرى.

معرفة فترة الخصوبة

بطريقة طبيعية وبعيدة عن حسابات الأطباء يستطيع الرجل معرفة فترة

خصوبة زوجته الشهرية، وذلك عن طريق الروائح الجذابة التي تنبعث من النساء في تلك الفترة، هذا ما أكده تقرير لعلماء تشيكيين. وأشار فريق بحثي بقيادة عالم الأنثروبولوجيا جان هافليسك من **جامعة تشارلز** في العاصمة التشيكية براج، أن الرائحة الأكثر جاذبية والأقل حدة من تحت الإبط تنبعث خلال فترة الخصوبة.

وقد قام البحث على طريقة بسيطة لتقصي فترة الخصوبة عند البشر إلى الإبط، وأخذت عينات للشم من 12 امرأة تتراوح أعمارهن بين 19 و27 عاماً من قطع من القطن وضعت تحت إبطهن ثلاث مرات مدة كل منها 24 ساعة خلال دوراتهن الشهرية، وطلب من 42 رجلاً تتراوح أعمارهم بين 19 و34 عاماً أن يقيموا الروائح طبقاً "لشدتها وجمالها وجاذبيتها".

86

فتبين أن رائحة النساء خلال فترة الاخصاب كانت "**الأقل حدة والأكثر جاذبية**". وأوضح العلماء أن الرجال يمكنهم استخدام الشم كآلية لمتابعة فترة الدورة الشهرية في شريكات العملية الجنسية حالياً أو مستقبلاً.

كما أكدت دراسة جديدة أن نبرة المرأة ترتفع أكثر عندما تكون فى ذروة مراحل الخصوبة ما يجعلها جذابة جداً فى عينّ الرجل الذى يحاول التودد إليها بشتى الطرق.

وأشار الدكتور كريج برايانت وزملاؤه من **جامعة كاليفورنيا**، إلى أن المرأة تتغير نبرة صوتها خلال مرحلة الخصوبة أو عندما تكون مندمجة فى حديث اجتماعي، ولاحظ برايانت أن نبرة المرأة تصل إلى أقصى درجاتها ارتفاعاً قبل الإباضة ببضعة أيام، مشيراً إلى أن الرجال ينجذبون إلى النساء أكثر خلال هذه الفترة بالذات.

وأوضح علماء أحياء أنه على عكس الكثير من الثدييات لا تظهر على المرأة إشارات عن خصوبتها، مشيرين إلى أن النساء القديمات طورن "**الاباضة الخفية**" كوسيلة لاجتذاب الرجال وإبقائهن لأطول فترة ممكنة بقربهن.

الجنس يسيطر على الرجال حتى في أحلامهم(15)

قيل قديماً إن حلم الرجل هو أن يحكم العالم، وإن أكبر حلم عند المرأه أن تحكم من يحكم العالم، ولكن الأبحاث والدراسات العلمية الحديثة غيرت أحلام الرجال حيث أكدت أن الغريزة الجنسية تسيطر على أحلام الرجال على عكس النساء اللواتي تنحصر أحلامهم تقريباً في أفراد أسرهن جنس وعنف ولأن الأحلام تفريغ لما يتمناه العقل

---

[15] موقع صيدا أون لاين — الرابط:

http://www.saidaonline.com/news.php?go=full
news&newsid=4934

الباطن يتجلى العنف ويزدهر الجنس في أحلام الرجال التي تختلف عن النساء.

لقد كشف بحث علمي نشرته مجلة "**علم النفس اليوم**" الألمانية، أن الرجال يحلمون ليلاً في الغالب بالجنس والوظيفة والعنف البدني والأسلحة، بينما يختلف الحال لدى النساء، فهن يحلمن غالباً بأفراد الأسرة والعواطف وكل ما يؤدي لتحقيق الأهداف.

وأفاد البحث أن أحلام النساء شملت أيضاً الأماكن الداخلية، بما في ذلك الأجهزة المنزلية وقطع الملابس وغالباً ما تتسم بالحزن والكآبة ويتساوى فيها أعداد الرجال والنساء وخاصة من المقربين.

وعلى الرغم من تحرر المرأة واهتمامها بالعمل منذ عشرات السنين إلا أن البحث أشار إلى أنها نادراً ما تحلم بالوظيفة وظروف العمل على عكس الرجل.

في الأماكن العامة

أحلام الرجال في ممارسة الجنس لا تقتصر على غرفة النوم فقط، بل تتطرق إلى الأماكن العامة أيضاً. فقد أفاد باحث أمريكي بأن الرجال يحلمون بممارسة الجنس في الأماكن العامة أكثر من النساء.

وبحسب الدراسة التي كان ينوي الباحث الأمريكي أنطونيو زادرا من **جامعة مونتريال** طرحها للنقاش في مؤتمر **الأكاديمية الأمريكية لطب وأبحاث النوم** لعام 2007 في مينيبولس فإن 8 % من أحلام الرجال والنساء تتمحور حول الجنس.

وذكر زادرا، أنه طلب من 109 نساء و64 رجلاً في حوالي الثلاثين تدوين أحلامهم لمدة 4 أسابيع، حيث تبين له أن من بين 3564 حلماً رآها هؤلاء كان من بينها 292 له علاقة بالمضاجعة وبأن المرات التي حلم بها الرجال بالمضاجعة فاقت تلك التي للنساء.

وتوصل الباحثون إلى أن الرجال لا يحلمون بممارسة الجنس في الأماكن العامة أكثر من النساء فحسب، بل وبمضاجعة أكثر من امرأة في الوقت نفسه.

وأشارت الدراسة إلى أن 6 % من الذكور والإناث الذين شملتهم الدراسة حلموا بممارسة العادة السرية، فيما بلغ حوالي 4 % منهم الذروة الجنسية في أحلامهم.

براءة النساء

أجمع العلماء أن أحلام النساء أكثر براءة مقارنةً بالرجال، إذ
تحلم الطفلة بالدمية، أو فستان العيد، أو ابتسامة من أمها، بينما
تنحصر أحلام العزباء في زوج حنون ومتفهِم، فضلاً عن حلمها
بمستقبل عملي باهر، أما المرأة المتزوجة، فيذهب عقلها الباطن في
الأحلام إلى رومانسية مطلقة مع شريكِها، طفل أو طفلة جميلة منه.

هذا كما أظهرت الدراسات من جانب آخر أن السيدات
تكثر على أحلامهن صبغة الحوار اللفظي أو الكلامي، في حين أن
أحلام الرجال يظهر فيها بصورة أكبر القلق والعنف الجسدي، كما
أظهرت الدراسات أن أحلام السيدات تتساوى فيها نسبة الرجال
والنساء في الغالب أما أحلام الرجال فتكون شخصيات الرجال فيها
عادة ضعف عدد شخصيات النساء.

تفريغ للعقل الباطن

الأحلام ملاذ آمن لرغبات اللاشعور كما أكد عالم النفس
سيجموند فرويد، حتي أن الكبت عنده كان يعني كبتاً جنسياً، لأن
فرويد من وجهة نظره كان يري أن الجنس هو الدافع الأوحد في كيان
الإنسان، لذا فقد فسر الأحلام تفسيرات تتصل بكبت الدوافع

الجنسية، وبكل ما يتصل بالجنس، وقصر الأحلام على بعض أنواعها،
وأنكر الأحلام التي تنبئ عن أمور ستحدث في المستقبل هذا هو مفاد
نظرية فرويد في الأحلام، ربما يكون هذا هو سبب أحلام الرجال
الجنسية .

من جانب آخر أن الأحلام وظيفة نفسية حيوية مهمة،وعدم
وجود أحلام في فترة من حياة الفرد معناه التعب والإرهاق النفسي،
فمجرد أن يحلم الإنسان معناه الصحة النفسية والتفريغ النفسي من
الخبرات المختزنة في عقله الباطن، وهذا يعطي له حيوية ونشاطا نفسيا
ويجعله قادراً على استئناف عمله وعلاقاته مع الآخرين.

أحلام اليقظة

أحلام الرجال بالجنس لا تنتهي عند استيقاظهم من النوم، فقد
أشارت الدراسات السابقة إلى أن الرجال يفكرون في الجنس 39 مرة
في اليوم. وكانت دراسات سابقة أشارت إلى أن جميع الرجال، وهذا
يعني أكثر من 91 في المائة، تراودهم خيالات جنسية. وأشارت
الدراسات أيضاً إلى أن من لديهم خبرات جنسية تراودهم الخيالات

أكثر من غيرهم، وربما يعود ذلك إلى أن لديهم مخزوناً غنيًا من المواد
التي يمكن أن يأخذوا منها لصياغة خيالاتهم.

دراسة: نسبة كبيرة من الأسيويين غير راضين عن حياتهم الجنسية[16]

الهند الأولى بالصحة الجنسية.. واليابان بذيل القائمة

كوالالمبور – د ب أ

ذكرت تقارير إعلامية الأربعاء 25-2-2009 أن 57% من الرجال و64% من النساء في منطقة أسيا والمحيط الهادي أعربوا عن عدم رضائهم عن حياتهم الجنسية، وحسب دراسة مسحية، سجل أشخاصٌ في ثلاث فقط من بين 13 دولة أجرت فيها شركة فايزر للأدوية مسحها معدلات رضاء بنسبة أكثر من 50 %.

---

[16] موقع جراسا نيوز – 25 فبراير 2009 – الرابط:

http://www.gerasanews.com/article/7945

واحتلت الهند المرتبة الأولى حيث قال 73 % من المشاركين في مسح "**الصحة الجنسية والسلامة العامة بمنطقة أسيا والمحيط الهادي**" إنهم راضون.

وجاءت الفلبين في المرتبة الثانية بنسبة 52 % تلتها تايوان بنسبة 51 % ثم نيوزيلندا بنسبة 40 %، فيما تذيلت اليابان قائمة الدول بنسبة 10 %.

وأُجري المسح، من جانب الشركة التي تنتج الفياغرا، أيضًا في أستراليا والصين وهونغ كونغ وإندونيسيا وماليزيا وسنغافورة وكوريا الجنوبية وتايلاند.

ونقلت صحيفة "**ستار**" عن روزي كينج طبيبة الصحة الجنسية بسيدني، والتي ترأست

فريق المسح، تأكيدها أن المسح توصل إلى "**أن الرضاء الجنسي الأكبر مرتبطٌ بشكلٍ قوي بالرضاء عن الحياة عمومًا**".

وقالت: "إجمالاً، الرجال والنساء الذين يشعرون بنسبةٍ عالية من الارتياح إزاء حياتهم الجنسية يملكون نظرةً أكثر إيجابية حيال علاقاتهم والحياة".

البريطانيون لا يرضون عن حياتهم الجنسية بعد الثلاثين من العمر([17])

لندن، بريطانيا، 07 أيار – مايو (يو بي أي)

كشفت دراسة جديدة اليوم الاثنين أن البريطانيين والبريطانيات يصبحون غير راضين عن حياتهم الجنسية بعد سن الثلاثين، أكثر من أي فئة عمرية أخرى.

ووجدت الدراسة، التي نشرتها صحيفة "ديلي ميل" اليوم الاثنين، أن الهموم المالية وضغوط العمل ومتاعب رعاية الأطفال تجعل

---

[17] وكالة أنباء يونايتد برس انترناشونال – 7 مايو 2012.

البريطانيين والبريطانيات فاترين للغاية لألعاب منتصف الليل في غرف النوم.

وقالت إن 25 % من البريطانيين والبريطانيات من الفئة العمرية 30 إلى 39 عاماً غير راضين عن حياتهم الجنسية بسبب هموم المال ومتطلبات الحية الحديثة، واعترف 35 % منهم أن رعاية الأطفال كان لها تأثير سلبي على علاقاتهم الجنسية لأنها تتركهم في حالة شديدة من الإرهاق.

وأضافت أن انخفاض الثقة بحجم الجسم وشكله والاكتئاب الناجم عنه، يلعبان دوراً كبيراً في انعدام الرغبة الجنسية لدى النساء البريطانيات من الفئة العمرية نفسها.

غير أن الدراسة، وفي محاولة لتجنب إثارة اليأس في نفوس البريطانيين والبريطانيات، اعتبرت أن أفضل الممارسات الجنسية تحدث في الخمسينيات من العمر، وأن الثقة الجنسية تصل إلى أوجها بين سن 60 و 69 عاماً.

وقالت إن 52 % من البريطانيين والبريطانيات من الفئة العمرية 50 إلى 59 عاماً أعربوا عن سعادتهم لوقع حياتهم الجنسية، بالمقارنة مع 5 % فقط أقروا بأنهم غير راضين عنها.

وأضافت الدراسة أن البريطانيات في سن 18 عاماً صنّفن ثقتهن الجنسية في المرتبة الرابعة على سلم من عشر مراتب، في حين صنّفتها نظيراتهن الأكبر سناً من الفئة العمرية 60 إلى 69 عاماً في المرتبة السادسة.

التخيلات الجنسية المنحرفة لدى النساء أقل من الرجال([18])

دراسة تثبت أن رغبات الانحراف الجنسي للرجال أكثر من النساء

لندن – ماريا طبراني

هل أنت قلق بشأن تخيلاتك الجنسية التي قد تكون غير عادية والتي تبدو غريبة بكل صراحة ؟، إذا كان الوضع كذلك، فإنَّ هناك

---

[18] موقع صوت الإمارات – 2 نوفمبر 2014 – الرابط:

http://www.emiratesvoice.com/321/%D8%A7%
D9%84%D8%AA%D8%AE%D9%8A%D9%84%D8%A7%D
8%AA-
%D8%A7%D9%84%D8%AC%D9%86%D8%B3%D9%8A%
D8%A9-
%D8%A7%D9%84%D9%85%D9%86%D8%AD%D8%B1%
D9%81%D8%A9-%D9%84%D8%AF%D9%89-
%D8%A7%D9%84%D9%86%D8%B3%D8%A7%D8%A1-
%D8%A3%D9%82%D9%84-%D9%85%D9%86-
%D8%A7%D9%84%D8%B1%D8%AC%D8%A7%D9%84

دراسة جديدة تزعم بإمكانها وضع الأمور في نصابها الصحيح وتحديد التوازن الخاص بالانحراف.

نتيجة الدراسة هي أنَّ الرجال يرغبون في ممارسة الجنس مع امرأتين، أما النساء، فالموضوع في العام لا يهمهم، كانت هذه مجرد اثنتين من النتائج الخاصة بالمشروع والتي تدعي تحديدها للانحراف الجنسي للمرة الأولى على الإطلاق.

تم نشر البحث في **مجلة الطب الجنسي**، وقد أُجري في مونتريال كندا، وتم استحضار فكرة البحث من "**الخيالات الجنسية المنحرفة**"، والتي غالبًا ما تكون صور غير عادية جدًا، ففي تصريح صحافي، أفاد المؤلفون بأنَّ "**الكثير من النظريات حول التخيلات الجنسية المنحرفة تتضمن مفهوم التخيلات الشاذة أو الشذوذ**".

ويُعرف الشذوذ على أنه تجربة الإثارة الجنسية الشديدة إلى مواقف شاذة أو أفراد أو أشياء، ومع ذلك يجادل المؤلفون حول أنَّ المؤلفات العلمية لا توضح ماهية هذه الأنواع من الأوهام في الواقع.

في الولايات المتحدة، يذكر كل من الكتاب **المقدس للأمراض النفسية والدليل الشخصي الإحصائي للإضرابات العقلية**، الأوهام

الشاذة، حتى منظمة الصحة العالمية، ولكن الدراسة الكندية تتساءل، ما هو الخيال الجنسي غير العادي بالتحديد؟.

وأكد المؤلف الرئيس للدراسة، كرستيان جويال "سريريًا نحن نعرف ما هي التخيلات الجنسية المرضية، إنَّ الشركاء غير المتوافقين يحفَّزون ذلك الألم، والذي يرونه ضروريًا للارتياح، ولكن بغض النظر عن ذلك، ما هي بالضبط التخيلات غير الطبيعية أو الشاذة؟"، مضيفًا "خطوتنا الأساسية هي معايير التخيلات الجنسية، وهي خطوة ضرورية لتعرف الأمراض، وكما توقعنا، هناك الكثير من التخيلات أكثر شيوعًا من التخيلات الشاذة، ولمعرفة ذلك سألوا بعض الناس حول ذلك".

وأوضح البروفيسور جويال، قائلًا "لأنَّ معظم الدراسات من هذا النوع أجريت على طلاب الجامعة، أراد الباحثون معرفة وصف البالغين للتخيلات الجنسية، ولذلك أجريت الدراسة على أكثر من 1500 شخص بالغ في مدينة كيبيك، من النساء والرجال بالتساوي، وطلب منهم وصف خيالهم الجنسي المفضل بالتفصيل، وكانت النتائج أكثر تشويقـًا".

وأضاف جويال أنَّ "الباحثين تفاجؤوا بأنَّ طبيعة التخيلات الجنسية تختلف بين الأشخاص، مما يعني أنَّ قلة نادرة يمكن اعتبارها إحصائية أو غير عادية أو شاذة، ولكن ليس من المستغرب، فالدراسة تؤكد أنَّ الرجال لديهم المزيد من التخيلات بصورة أكثر وضوحًا من السيدات".

ووجدت الدراسة أيضًا أنَّ نسبة كبيرة من النساء ما بين 30 إلى 60 % يفكرن بالأمور المرتبطة بالتقدم، على سبيل المثال "الربط".

وبيّن البروفيسور جويال، أنَّ على عكس الرجال، "تُميَّز النساء بشكل عام وبوضوح بين الخيال والرغبة، ولذلك فالكثير من النساء الذين يعبرون عن تخيلاتهم، لا يريدون أن تتحول إلى حقيقة، على عكس الرجال الذين يرغبون في تحقيق نزواتهم إلى حقيقة، على سبيل المثال ممارسة الجنس مع أكثر من شخص".

وتميل النساء إلى التخيلات الجنسية مع شركائهن، بينما الرجال عمومًا تكون تخيلاتهم خارج نطاق العلاقة مع شركائهم.

وأشارت الدراسة أيضًا إلى أنَّ واحدة من أكثر النتائج إثارة للاهتمام هي أنَّ الأوهام الجنسية الخاصة بالذكور فريدة من نوعها،

مثل مشاهدة شريكهم مع شخص آخر أو ممارسة ذلك مع الجنس نفسه.

ولفت جويال إلى أنّ "النظريات البيولوجية التطورية لا يمكن أن تفسر هذه التخيلات التي بين الذكور، وهي عادة ما تكون رغبات، وبشكل عام هذه النتائج تسمح لنا بتسليط الضوء على الظواهر الاجتماعية".

ويبحث الآن جويال وزملاؤه عن الأشخاص الذين يرغبون في شيء واحد، تخيلات تقدمية، وأولئك الذين يلعبون الدور المعاكس، وقد أجريت هذه الدراسة من قبل الباحثين في المعهد الجامعي في مونتريال ومعهد فيليب بينيل دي مونتريال التابع لجامعة مونتريال.

العضو الذكري لدى رجال تايلاند من بين المقاسات الأقصر طولا على مستوى العالم([19])

بانكوك:

ذكر تقرير إخباري أن متوسط طول العضو الذكري لدى الرجال (القضيب) في تايلاند من بين أقصر الأطوال على مستوى العالم. ونقلت صحيفة "بانكوك بوست" عن مسح أجري مؤخرا بشأن متوسط أطوال العضو الذكري في أنحاء العالم، أن الأطوال في تايلاند ، التي بلغ متوسطها 10.16 سنتيمتراً، تزيد بضعة مليمترات عن أقصر قضيب وهو في الكوريتين بشكل رئيس حيث يبلغ متوسطه

---

19 جريدة القدس العربي اللندنية – 7 إبريل – 2011.

هناك 9.66 سنتيمتراً. وإلى جانب تايلاند، هناك دولتان آسيويتان، كمبوديا والهند، سجلتا متوسطاً منخفضاً كذلك.

وطبقا لموقع "إفري وان ويب. كوم/ وورلد بنيس سايز" الذي يستند إلى بيانات من مراكز بحثية موثوقة وتقارير عالمية، فإن آسيا كمنطقة تأتي في المرتبة الأصغر من حيث طول القضيب.

وفي الصين،أسرع الاقتصادات نمواً في العالم، بلغ متوسط طول القضيب 10.89 سنتيمتراً.

وتصدرت جمهورية الكونغو الديمقراطية ذلك المسح مع بلوغ متوسط طول القضيب فيها 17.93 سنتيمتراً.

بماذا يهتم الرجل عند ممارسة الجنس؟(20)

غالباً ما تعتقد المرأة أن الرجل يلاحظ كل "العيوب" الموجودة في جسدها أثناء ممارستهما العلاقة الجنسية، لكنّ استطلاعاً حديثاً أجراه معهد "يونيفيسب" للدراسات الاجتماعيّة، أظهر أن 76 % من الرجال لا يلاحظون الكثير، إذ أنّهم يصبحون "شبه عميان" حين يتعلق الأمر بالجنس.

لذا، لا تقلقي كثيراً، فقد أظهرت الدراسة أيضاً، أن العيوب التي لا يلاحظها الرّجال

في جسم المرأة، هي:

---

20 جريدة النهار اللبنانية – 9 إبريل 2013.

- الشعر: لا يلاحظ الرجال غالباً إذا كان جسمك يحتوي على الشعر بشكل طفيف، فلا تقلقي إذا نسيت أن تزيله من بعض الأماكن.

- ثمّة رجال لا يهتمون إذا كانت رائحة التعرّق تفوح من جسمك، لأنها تزيد من إفرازات هرمونات التستستيرون وأوكسيفيسينا ودوبامينا، التي تزيد من الرغبة الجنسية عند الكثيرين منهم.

- لا تمضي ساعاتٍ طويلة وأنت تضعين الماكياج وتسرّحين شعركِ، إذ أن 40 % من الرّجال يفضّلون الشعر "الفوضوي" والوجه الطبيعي، علماً أن نسبة كبيرة منهم لا تأبه بهذه الأمور.

- معظم الرجال لا يلاحظون الكيلوغرامات الزائدة، إذ أن تركيزهم ينصب خلال العلاقة الحميمة على أمور أخرى، أهمّها الوصول إلى النشوة...

الفهرس

www.ingramcontent.com/pod-product-compliance
Lightning Source LLC
Chambersburg PA
CBHW051821250726
48659CB00005B/1602